「自分で考える力」が育つ

親子の対話術

狩野みき＝著

朝日新聞出版

はじめに

「子どもには、『考える力』を身につけさせたい。でも、どうすればいいのか、わからなくて……」

最近、このようにおっしゃる親御さんが、とても増えていると感じます。

「考える力」とは何でしょうか。

じっくり考えること。誰かが決めた正解をただ追い求めるのではなく、自分で納得するまで考えて、自分で答えを出せる力。それが「考える力」だと思います。

考える力は、もちろん、机に向かって「勉強」として身につけることもできます。でも、私は、「毎日の生活の中でこそ、考える力は育まれる」が持論です。

考えることはクセのようなものです。自転車の操縦のように、一度マスターしたら、どんなにブランクがあいてもこなせるスキルとは違います。日常のあらゆる場面で考えるクセをつけているからこそ、いざというときにもきちんと考えることができるのです。

子どもたちの日常は、「考える力を伸ばす場」の宝庫です。たとえば、「なんで○○しちゃいけないの？」「なんで△△なの？」と聞いてきたとき。友だちとけんかしたとき、お稽古事をやめたい、と言ってきたとき。失敗したときも、気持ちがうまく伝わらないときも、運動会などの大きなイベントを前に不安でいっぱいになっているときも、絶好の「考えどき」です。朝起きる時間を決めるのも、幼稚園や小学校で起きたことを報告するのも、実は、考える力を磨くチャンスなんですよ。

毎日の生活の中で、何をどう問いかければ、子どもの考える力を伸ばしてやれるのか。その答えをまとめたのが、この本です。主に、3、4歳から小学校5、6年生の子どもを対象としています。

私は20年間、大学で「考えること」を指導してきました。そしてわかったのは、「大学に入ってから考える力を身につけたのでは、遅い」ということです。現に、「子どものときに『考えること』を教わりたかった」とこぼす学生はたくさんいます。どんなスキルもそうですが、子どもの頃から続けていることは、しなやかさが違います。

日本の子どもたちにも、考えることの楽しさを知ってもらいたい。そう願って、2011

年、小学生を対象とした「考えるクラス」を立ち上げました。今では、保護者の方や、幼稚園・小学校の先生方にも「子どもの考える力を伸ばす方法」を指導しています。

私は、とにかく考えることが大好きなので、家でも、2人の子どもたちと一緒に日々考えています。我が子とのやり取りや、小学生の教え子たちとのやり取りの中から、「考える力を伸ばすのに効果的」と自信を持っておすすめできるもののみを、本書におさめました。

子どもに考えることを促すためには、大人側の考える力も試されます。この本は、子どもだけでなく、大人の考える力も伸ばせるような内容になっています。


考える力に注目が集まっている背景には、グローバル化や変化の目まぐるしい世の中、という時代性があると思います。でも、考える力というのは本来、もっと普遍的で、人間に絶対必要な力なのではないでしょうか。

私が教えている小学生がかつて、「考えることは自信になる。自分はこんなに考えることができたんだ、すごい！って思えるし、一生懸命考えた意見だから、自信を持って言える」と言っていました。

考える力は、自信につながります。自分と同じように相手にも大事な「考え」があるんだ、ということがわかれば、思いやりの心も育ちます。そして、考える力があれば、自分の感情ときちんと向き合い、知識を活かし、正解のない問題に答えを出すこともできるはずです。自信、思いやり、感情と向き合うこと、知識の活用、問題解決――全て、人間が生きていくために必要な「力」ですよね。

「考えることはクセのようなもの」と先ほど書きましたが、子どもに何かをクセとして習慣づけたいのなら、家庭にまさる「学校」はありません。皆さんの中にクセとして根づいているもののほとんどは、かつて家庭で培《つちか》われたものではないでしょうか。家庭で親と一緒に考えている子どもは、やはり伸び方が違います。

「私・ボクは○○って思ったよ」「おもしろいね！　ママ・パパはね、△△って思うんだ」という日々のやり取りを重ねていけば、考える力はもちろん、伝える力も身につきます。子どもとの日々のコミュニケーションを、「考えることを一緒に楽しむ時間」に変えてみませんか。

２０１５年2月

狩野みき

「自分で考える力」が育つ
親子の対話術

目次

第1章 「考える力」が伸びる！子どもの質問への答え方……15

第2章

ほめることよりも大切な「対話の習慣」

第3章

「なぜ？」「どうして？」と、とことん考えよう

第4章

実践！叱らず「考える」子育て

第6章

毎日の対話で子どもはこんなに変わる！

ブックデザイン　井川祥子
イラスト　木下綾乃

第1章

「考える力」が伸びる！子どもの質問への答え方

子どもに何か質問されたら、きちんと答えてやらなければいけない。そう思っていませんか？

ある日、あなたが子どもと近所のスーパーに出かけたとします。手には、愛用のエコバッグ。エコに関心のあるあなたは、このバッグをいつも持ち歩いています。すると、小学1年生の我が子が、「お買い物のとき、どうしていつもそのバッグを持ってるの？」と聞いてきました。さあ、あなたならどう答えますか。

しばらく本を閉じて、考えてみてください。

たとえば……こんな感じの答えになりましたか。

「これはエコバッグって言ってね、お肉やお野菜をお家に持って帰るためのバッグなの。このバッグがないと、お店でビニールの袋をもらわなくちゃいけないでしょう。ビニールの袋はお家に帰ったら捨てちゃうから、ゴミになっちゃう。でも、このバッグは捨てないでずっと使えるから、その分、ゴミが減るよね。ゴミが減ると、二酸化炭素っていう、地球にとってよくないガスが減るの。地球にとってよくないガスが減ると、それだけ地球は嬉しいよね。地球のために、このバッグを使ってるの。わかる?」

立派な回答です。エコバッグがなぜ地球のためになるのか、小さな子どもでもわかるように、丁寧に説明してくれています。

しかし、子どもの考える力を伸ばしてやりたいのなら、このように滔々《とうとう》と答えを言うのはNGです。このような回答は、子どもの「自分で考えるチャンス」を奪ってしまいます。

子どもが考える力を伸ばせるかどうか。そのいちばん大事なカギを握っているのは、実は、学校でも教師でもなく、親です。親の接し方ひとつで、子どもの考える力という芽は伸びもすれば、枯れてもしまうのです。

では、親はどう接してやればいいのでしょうか。なぜ親がカギを握っているのでしょうか。「考える力」とはそもそも何でしょうか。

この章では、そんなお話をしたいと思います。

考える力とは

考える力とは、自分の頭でじっくりと考える力のことです。誰かが決めた答えや、「正解」

左の乗り物と右の乗り物、何が違う？

とされているものにただ従うのではなく、自分で納得がいくまで考え、自分で答えを出す。それが、考える力です。

たとえば、「左の乗り物と右の乗り物、何が違う？」というクイズがあって、その正解が「乗る人数が違う」だったとします。でも皆さんもおわかりのように、このクイズに対する答えは、「左のほうは四角くて、右は丸い感じ」「フロントガラスの大きさが違う」など、色々あり得ますね。

「正解」を聞いた途端に、「『乗る人数が違う』が正解なら、『フロントガラスの大きさが違う』という自分の答えは間違いだ」などとするのは、正解とされているものにただ従って、考えることをやめてしまっている状態です。

このクイズのように、色々な答えがあり得ても、決まったものしか「正解」と認めない……というケースが、日本にはあまりに多いのではないでしょうか。

「正解」とされているものが自分の答えと違っても、そこで自分の答えをもう一度見直して、「なんでそう言えるのかな？」などと思いをめぐらしていくのが、「自分で考える」ということです。

もちろん、「自分で考えて、自分で答えを出す」と言っても、あえて他の人と違う答えを出さなければいけない、というわけではありません。

考える力で大事なのは、オリジナルな答えを出すことではありません。自分で納得のいく答えを出すことです。そのために「どう考えるか」がキモなのです。

「どう考えるか」の基本は３つあります。１つ目は、きちんと理解すること。２つ目は、理由を考えること。そして、３つ目は、「他の考え方もできるかな」と、色々な考えに思いをめぐらすことです。

考える力の基本① きちんと理解する

自分で考えるということは、あるコトや人に関して「自分はこう考える」と自分なりの意見を持つ、ということです。そのためにはまず、そのコトや人をきちんと理解しなければなりません（米国・ハーバード大学の教育プロジェクトも、考える力を伸ばすための大前提として、理解することの大切さを指摘しています）。

たとえば、「新しい先生、どう？」と聞かれても、その先生のことをよく知らなければ、その先生について「考える」ことは不可能です。クセや得手・不得手など、その先生について考えるだけの「材料」がないわけですから、当然ですね。意見というものは、本当に理解している人やコトにしか、本来持ってはいけないのです。

ところが、私たちは、きちんと理解していない人やコトに対して、意見めいたことを言うことがけっこうあります。自分で考え、自分で答えを出すためには、まずは「考える対象」をきちんと理解する。基本中の基本です。

考える力の基本②
「なぜそう言えるの？」「なぜそう思うの？」

「なぜそう言えるの？」「なぜそう思うの？」と問いかけて理由を考えることは、なぜ大事なのでしょうか。

たとえば、「人に何かしてもらったら、『ありがとう』と言わなくちゃいけないの？」とAくんに尋ねたところ、「うん、言わなくちゃいけないよ」という答えが返ってきたとします。

Aくんがもしも、「お母さんにいつも『ありがとうと言いなさい』と言われているから、なんとなく」答えを言ったのだとしたら、「自分で考えた」ことにはなりません。でも、たとえば、「ボクが誰かを助けてあげて、それで『ありがとう』と言ってもらえなかったら悲しい。ボクに何かしてくれた人に、そんな悲しい思いをさせたくない」などの理由を考えているようなら、「自分で考えた」ことになります。

世の中には、理由が明らかになっていない「意見」がたくさんあります。たとえば、「ランドセルにキーホルダーをつけてはいけない」という意見。学校の先生がときどき言うことですが、「なんで」つけてはいけないのか、理由の説明があるのとないのとでは、子どもや親の理解がまるで違ってきます。

理由を言ってくれないと、「キーホルダー禁止」という必然性がわかりません。理由を言いさえすればいい、というものでもありません。「ダメなものはダメだから」「学校の決まりだから」ということを理由として振りかざされても、よくわかりません。「なんでダメなの？」「なんで決まりにしなくちゃいけないの？」とさらに疑問を生んでしまいます。でも、たとえば、

「以前、ある人気キャラクターのキーホルダーをめぐって、この学校で生徒同士のトラブルが起きた。あのような問題は二度と起こしたくないので、キーホルダーなどの、ランドセルにつけることのできるグッズは禁止している」と説明してくれれば、それなりに説得力はアップします。

意見に説得力を与えてくれるのは、「なぜそう言えるの？」「なぜそう思うの？」という理由の部分なのです。

考える力の基本③「他の考え方もできるかな」

たとえば、Bちゃんが、今度の日曜は公園に遊びに行こう、と決めていたとします。ところが当日、まさかの大雨。Bちゃんは「今日は遊べない」とションボリしていますが、ここで、「公園で遊べないなら、そもそも今日は遊べない」と思うのは、公園で遊ぶということが、「日曜日、どこで遊ぶか」という問いに対する「唯一絶対の正解」になってしまっている状態です。

一方、「公園で遊べないのは残念だけど、公園じゃなくても遊べるかも。雨が降っていてもできる遊びって、何があるかな」「雨だからこそできる遊びもあるかもしれない」という風に、

「正解」から離れて、考え方を変えてみたらどうなるでしょうか。正解から離れて、他の考え方をしてみるということは、言いかえれば、自分で考えて自分で答えを出そうとしている、ということです。

子どもは、最初に思いついたやり方や、「当たり前」とされているやり方（たとえば、「日曜は公園で遊ぶ」）に、大人以上にこだわりがちです。そのやり方が実行できないとわかると、もうダメだ、他に選択肢はない、と思い込んでしまうのです。自分が慣れ親しんだやり方を「唯一絶対の正解」だと思ってしまうのですね。でも、そういうクセも、考える力があれば乗り越えることができます。

ここまで読んでおわかりかもしれませんが、考える力は、勉強のためだけのものではありません。むしろ、考える力は、毎日の生活でこそパワーを発揮します。

勉強は解き方さえマスターすれば、「自分で」考えなくても解けるものがけっこうありますが、生活は違います。「けんかしちゃった、どうしよう」「今度こそちゃんとやろうと思ってたのに、できなかった。どうすればいいかな」「ピアノのお稽古やめたいな、でもそう言ったら、ママが怒るかな」……答えのない問題ばかりです。決まった解き方など、ありません。だからこそ考える力が試されます。自分で考えて、自分で答えを出して、先に進まなければならないのです。

勉強のための「考える力」はまた別の機会にお話しするとして、この本では、「生活の場でいかに考える力を伸ばすか」という話に限りたいと思います。

考えることはクセ

考えることはクセにしてこそ、本当の力になります。どんなに一時期考えることが得意だった人でも、考えることをやめてしまうと、考える力はすぐサビつきます。

「クセにしないと本当の力は手に入らない」「毎日使わないと、すぐサビついてしまう」という点では、考える力は外国語に似ています。毎日クセのようにして使わないと、外国語の「本当の力」は手に入りません。たとえ本当の力を手に入れても、使わないとすぐサビついてしまう。しばらく英語を使わずにいたら英語がうまく話せなくなった……という帰国子女はたくさんいます。

クセにして常に考えるようになれば、「こういうときはこう考えればいいんだ」という勘どころも磨かれていきます。クセにしているからこそ、いざという大事なときもあわてずに、きちんと考えることができるようになるのです。

子どもに何かをクセとして身につけさせたいのなら、家庭でやるのがいちばんです。たとえ学校や習い事で考える機会があっても、家庭外でできることは限られています。子どもが家庭でどれだけたくさんの時間を、長期にわたって継続的に過ごすか、考えてみてください。「たくさんの時間を長期にわたって継続的に過ごす」家庭だからこそ、考える力を確実に磨くことができるのです。それに、生活の場でこそ考える力は発揮されるのです。家庭を超える「生活の場」は普通、ありませんよね。

家庭で考える力を磨くことは、日本では特に重要なことです。なぜなら、日本は概して、社会も学校も考える力を育んではくれないからです。

徐々に変わってきているとは言え、日本社会は「自分で考えること」よりも「誰かが決めた答えに従うこと」を重んじる傾向が強いですね。最近は、文部科学省をはじめ色々なところで、「子どもの考える力」の重要性が言われるようになりました。でも、今までほとんどの学校や塾が、「ただ1つの、決められた『正解』に確実に到達することが大事」という路線で授業をしてきたのです。「正解は複数あっていい、正解よりも考えるプロセスを大事にする教育」に急に変えるのは、無理があります。

だからこそ、意識して家庭を「考える場」に変えて、親が子どもの考える力を伸ばしてやる必要があるのです。

親が正解を用意してしまうと、子どもは考えなくなる

ここまで読んでくださった方の中には、「考える力を家庭で伸ばすことの重要性はわかったけど、親は教師じゃないし、子どもの考える力を伸ばすなんて、できるの？」と疑問に感じる方もあるかもしれませんね。

でも、できるのです。なぜなら、考える力は「教える」ものではないからです。

「子どもの質問に、滔々と答えを言うのはＮＧ」と先ほど書きましたが、皆さんは、子どもが何か質問してきたとき、大人だからこそ知っている正解を手渡していませんか。

先ほどのエコバッグの例もそうですし、他にも、たとえば、「なんで勉強しなくちゃいけな

いの？」と子どもが聞いてきたとき、「勉強しないと立派な大人になれないでしょ？ たくさん勉強して、立派な大人になってもらわないと」などと言っていませんか。

子どもが疑問に思ったことに対して、親がもっともらしい答えをすぐ渡してしまうのは、親が「先生」になって、子どもに正解を「教えている」状態です。

大人が常に子どもに答えを渡していると、子どもは考えなくなります。子どもは経験的に、「答えというものは、大人が教えてくれるもの」と思うようになるからです。また、大人がいつも「正解」を渡していると、「大人の答えが正解なんだから、何を考えてもムダ」「自分で考えるよりも、大人の正解を当てたほうがいい」と子どもは思うようになってしまいます（日本の学校教育は、このパターンが多いですね）。

考えるということは、自分の頭で自分なりの答えを出す、ということです。「なんで勉強しなくちゃいけないの？」という問いなら、「勉強しないとどうなるだろう」「勉強すると、きっといいことがあるんだよ。その『いいこと』って何かなぁ」という具合に、子ども自身が「なぜ勉強する必要があるのか」という答えを探せるように、仕向けてやればいいのです。自分で探した答えは、押しつけられたり暗記させられたりしたものとは違って、子どもの中に「本物」として残りやすくなります。勉強する気も（一時的にせよ）湧いてくるというものです。

また、「なぜエコバッグが地球を守ることにつながるのか」といった大きな問題も、「エコバッグって何だろう」「地球を守るってどういうことかな」「なぜ地球を守らなくちゃいけないんだろう」という風に小さい問題に嚙み砕いてやれば、子どもは毎日の生活について、地球について、自分の年齢なりに考えられるようになります。そして、自分なりの答えを見つけた子どもは、「こんなに考えることができた」と自信も手に入れることができるのです。

「子どもに答えをすぐ渡さない」という点では、知識も豊富な、高学歴の大人は要注意です。知識が豊富な人は答えを知っていることも多く、年長者として「ひとつ教えてあげよう」というモードに入りがちです。年長者が若い人に何かを教えることはすばらしいことですが、子どもの考える力を伸ばしてやりたいのなら、ときにはバカになって、答えを言わないことも大事です。

でも、バカを演じるなんて、親としての権威にキズがつくのではないか、と心配なさる方もあるかもしれませんね。権威にキズがつけば、子どもは親の言うことを聞かなくなってしまうのではないか。そう思うのは、当然だと思います。

ここで少し、我が家の話をさせてください。我が家は、夫と私、2人の子ども（小学生）の4人家族ですが、とにかく考えて、何でも話し合う家族です。子どもたちと話し合っているうちに、考えをあらためなければいけないと気づかされることも多いですが、そういうとき、私は、「たしかに、その通りだ」「そんな方法があったか! すごいなぁ、真似しちゃおう」などと言います。子どもだろうと誰だろうと、言っていることに説得力があれば、すぐさま白旗をあげます。

また、子どもにはもっと考えてもらいたいので、子どもが何か質問してきても、私が答えを言うことはまずありません。「わかんないなぁ、自分で考えて」「自分で調べてごらん」は私の口グセです。夫にいたっては、子どもたちが「なんで?」と聞いてくると、きまって、「なんでだろうねぇ」と返す始末。

でも、そんな「バカ」な私たち夫婦のことを、子どもたちは「権威のない親」とは思っていないようです(子どもたちは何かしでかすと、夫と私のことを「いちばんコワい人」と思っているみたいです)。

多少バカを演じたからと言って、それだけで子どもは普通、親をバカにしたりしません。親が「バカ」になることで子どもが考える力を伸ばせるなら、私は大いにバカになろうと思います。

以前、教師をしているオーストラリア人の友人が、「子どもたちが、『あの先生は、結局何も教えてくれなかった。答えを探してきたのは、いつも私たちだもの』と言ってくれれば、僕の教育は成功したと言える」と言っていました。教育というのは究極的には、知識や経験をより多く持っている者が「教える」のではなく、子どもが自分で答えを探せるように、黒子のようにそっと背中を押してやることだと思います。

親の知識や経験、そして人としての豊かさは、「正解を口に出す」こととは別のところで、十二分に現れているはずです。子どもは、一生懸命育ててくれること、愛してくれること、真正面から叱ってくれること――そこに、最終的には親の「権威」を感じるのではないでしょうか。

子どもに「考えさせる」のではない

親の接し方について、もう少しお話ししますね。

「子どもにどうやって考えさせたらいいですか」とよく聞かれるのですが、子どもに「考えさせる」という姿勢は、私はＮＧだと思います。

考え「させる」のではダメなのです。「やらされている」と感じた時点で、子どもは考えることがイヤになってしまいます。子ども自身が「考えたい、考えるのって、楽しい」と思えることが必須なのです。

考えることは、クセにしてこそ本当の力になるのでしたよね。楽しくないこと、喜びを感じられないことは続きません。いやいや続けたとしても、本当の力になど、ならないのです。子どもに「もっと考えたい」と思わせるためには、考える場を「楽しさと喜びを感じる場」にする必要があります。思ってもみなかった考えに出会える楽しさ、爆笑ものの意見を思いついたときの楽しさ、充実感という喜び、自分を知ることができた、一歩先に進めた、という喜び。色々な楽しさや喜びを感じられるようにしてやることが、大事です。

考える場を「楽しさと喜びを感じる場」にするための原則は2つあります。1つ目は、親が、子どもの「考えるための仲間」になること。2つ目は、親自身が、「子どもと考えると楽しい、喜びを感じる」と心から思うことです。

親が「考えるための仲間になる」というのは、子どもの宝探しに一緒について行くイメージです。子どもに主導権を握らせて、うしろから一緒について行く。そんな感じです。いつどこから、どんな宝（＝答え）が出てくるかわからないけれど、きっとすばらしい宝が待っている。だから一緒に、ワクワクついて行くのです。

ただし、「子どもは、こんな答えを言ってくるはず」「子どもには、こんなことを言わせせたい」とあらかじめ決めないようにしてください。決めてしまうと、子どもにそういう答えを言わせようとして、無意識のうちに誘導してしまいますから。誰かが誘導した考えは、「その誰か」の考えであり、子ども自身の考えではなくなってしまいます。

そして、仲間である以上、子どもを対等な人間として尊重することも大切です。「よい考えとは、こういうもの」と押しつけたり、「あなたにはまだわからない」と否定したり、「こっちの答えのほうがいい」などと上から目線で語ってはいけません。「その考え、おもしろいね。どうしてそう思うの？」「ママ（パパ）はAと思うんだけど、○○ちゃんは、やっぱりBだと思う？」「悪いところだけじゃなくて、いいところも考えてみようか」など、親は子どもが自分だけの宝にたどり着けるように、考えを自分で引き出せるように、ヒントを投げかけて、応援します。

原則の2つ目は、親が、「子どもと考えると楽しいし、喜びを感じる」と思うことです。誰かが本当に楽しんでウキウキしていると、そのウキウキはまわりに伝染しやすいですね。「考えると、色々なことがわかって楽しい」「子どもの考えを知るのは、喜びだ」などと、心から思うことが大事です。実際、子どもと考えるのは楽しいですし、想像を超える喜びがたくさんありますよ。

ところで、宝探しは、宝が見つからないこともあります。考えることも同じです。どんなに考えても、答えが出ないこともあります。でも、それでいいんです。何でもかんでも答えが出るなんて、気持ち悪過ぎます。人生は答えのない難問ばかりなのですから。

たとえ答えが見つからなくても、仲間と一緒に過ごした時間と、「ここまでがんばった」という達成感が、考えるという宝探しの旨味なのだと思います。「ボク・私はがんばった」「こんなに考えることができた」と実感できることが、自信になります。その自信が、「次もやってみよう」と子どもの背中を押してくれるのです。

子どもは、大人が思っている以上に「正解ではない答えを言うこと」を恐れています。でも、恐れていては、自分で考えることなんて、できませんね。

ですから、子どもが考えるときは、「この場では何を言っても大丈夫」という環境を作ってやる必要があります。「何を言ってもいいんだよ」「どんな答えだっていい、一生懸命考えることは、すばらしいこと」とお題目のように言い続けたり、絶対に難しい顔をしない、などとあらかじめ決めておくのも効果的です。

親は、何を言っても、どんなに失敗しても自分のことを愛してくれて、自分の味方でい続けてくれる人――子どもにとって、親というのはそういう存在ですよね。そんな親と一緒なら、子どもは安心して、とことん考えていけるはずです。

「正しい意見」なんて、ない

うーん、でも……子どもにとって親は、「自分より偉い人」でしょ。子どもは、「偉い人の意見が正しいに決まってる」と思って萎縮しないかなぁ、と疑問に思う方もあるかもしれませんね。

たしかに子どもは、最初のうちはそう思いがちです。ではここで、この疑問を解決するためにも、1人ひとりが出す答え――つまり、意見――とは何か、考えてみましょう。

意見とは、人がそれぞれ、性格・経験・知識などをもとに、頭の中で作り上げるものです。誰かとまったく同じ性格・経験・知識を持った人などいないのですから、意見は1人ひとり違って当たり前です。

意見は、1人ひとり違うからこそ意義があります。意義があるからこそ、1人ひとりの意見は尊重しなければならないのです。

つまり、世の中に「正しい意見」などないのです。「正しい意見」がない以上、「間違った意見」というものもあり得ません。

意見は「正しいかどうか」ではなく、「説得力があるかどうか」で判断するものです。説得力は、その意見を言っている人が「偉い」かどうかで決まるものではありません。親だろうが、知識も経験も浅い子どもだろうが、「何が」意見として言われているかで決まります。

たとえば、あなたが、「夕飯を食べる前に、子どもと一緒にお風呂に入りたい。そのほうが夜ゆっくりできるから」という意見を持っていたとします。先にお風呂に入りたいという意見には、あなたの長年の知恵と経験が活かされているかもしれませんし、食事を作るのもお風呂を沸かすのもあなたであれば、「私には発言権がある」とも言えそうです。でも、だからと言って、「私の意見が正しい」「私は親なのだから、私の意見には説得力がある」とは言えません。正しい意見などないのですし、説得力を決めるのは「誰が」その意見を言っているか、ではないのですから。

「自分の意見は正しい」「自分の意見には説得力がある、だって自分は親だから」と思うことは、考える力の敵でもあります。

人は、何かが「正しい」と思った時点で、考えたり疑ったりすることをやめてしまう傾向があります。「自分の意見は正しい」と思うことは、「じっくり考えるべきなのに、途中でやめてしまう」ことにつながっていきます。

また、「自分の意見には説得力がある、だって自分は親だから」と思っていると、深く考えもせずに、「親の言う通りにしなさい」と自分の意見を子どもに押しつけかねません。親の意見ばかりが通る家庭にいれば、子どもは「考えたってムダ」と思ってしまいます（だからと言って、子どもの意見を何でも通して、好き勝手を許していい、というわけではありません。詳しくは、3章にてお話しします）。

皆さんには、「正しい意見なんて、ない」「意見の説得力を決めるのは、誰がその意見を言ったか、ではなく、何が言われているかだ」ということを、日々、ご自分に言い聞かせていただきたいと思います。

親も「考える人」になろう

子どもの考える力を伸ばすためには、親の考える力も試されます。皆さんは、どうか、「考える人」であってください。子どもは親の背中を見て育ちます。親が当たり前のようにしていることは、子どもも当たり前のようにするようになりますね。考えることも同じです。「考えなさい」と言うよりも、親の堂々たる「考える背中」を子どもに日々、見せようではありませんか。

考える背中を見せるということは、完璧な意見をいつも用意して持っておく、ということではありません。色々なことについて考えたい、たとえ答えが出なくても、ときにはサボってしまっても、それでも色々なことについて考えていこう、と思っている背中が大事なのです。

考えるのはあまり得意じゃなくて……という方も、心配は無用です。これから、考えるためのツボを詳しく説明していきます。でも、その前に、考える力はなぜ子どもに必要なのか、という根本の部分について、お話ししたいと思います。

考える力は、生きる力

考える力は、親が子どもに与えてやることのできる、最大の財産だと私は思っています。どんなにお金をたくさん残しても、お金はいつか紙くず同然になってしまうかもしれないし、どんなにすばらしい土地や家を持っていても、住めなくなってしまうかもしれない。でも、考える力だけは、毎日磨いていれば、何が起きても、価値がゼロになってしまうことはありません。

「我が子をどんな人に育てたいですか」と聞かれると私は必ず、「たとえ革命が起きても生き抜ける人に」と言います。革命というのはたとえです。要するに、これから先の人生、何があっても自分で人生を切りひらいていける、そんな人間に育てたい、ということです。

そして、自分でしっかりと生きていく力は、考える力がもたらしてくれる、と信じています。


考える力があれば、できなかったことができるようになることは多いですね。「どうすればできるようになるのか」と考えて、自分で答えを出して、解決する。考える力があれば、問題解決もできるし、そういう自分に自信が持てるようになります。問題解決ができて自信が出れば、ハッピーにもなれますね。


そして、考える力があれば、思いやりの心も育ちます。なぜだと思いますか。

じっくり考えるようになると、自分の意見が大事に思えてきます。そして、そういう大事な意見を持っているのは、自分だけじゃない、ということもわかるようになります。皆、大事な意見を持っているのだから、相手の意見を尊重するのは当たり前、とわかるようになるのです。

また、理由を考えるクセがつくと、「なんであの人はこういう考え方をするのかな」と、相手の立場を想像するようにもなります。相手のことを思いやれるようになるのです。

詳しくは次章以降でお話ししますが、怒りや悔しい、イヤだという気持ち――そういう自分の気持ちと向き合うのも、考える力です。自分は今どう感じているかをチェックして、「怒っ

ピラミッドって、どうやってできたんだと思う?

ている」のなら、どうすればいいか考える。自分の感情の問題解決です。

また、学校などで得た知識を実際に活用するのも、考える力です。以前、小学2年生の男の子に、「ピラミッドってどうやってできたんだと思う?」と聞いたところ、「跳び箱のときに使う踏み台の、もっと大きいものを準備する。その上に、石を抱えた人をのせる。そして石ごと、その人を建設中のピラミッドの上に飛ばす」という答えが返ってきました。

なんともかわいらしい答えですが、実はこの答えには、「古代エジプトには、電気や今のような工事機械はなかった」という知識と、「踏み台を使えば、人は高く飛べる」という体育で得た知識が、この男の子なりに応用されているのです。電気も機械もなかったら、ボクならどうするかなぁ、と想像力を働かせた結果でもあります。

自分はどう思うのか、と常に考えて、自分ときちんと向き合っていると、自分のことを理解できるようになります。自分を理解すれば、自分のことを肯定できるようにもなります。自己肯定という言葉をよく耳にしますが、人間、よくわからないものを本当の意味で肯定するなど、本来できないはずです。自分を本当に好きになるために、自分のことを知る。そのために、考える。

つまり……考える力がなぜ必要かと言うと、考える力は生きる力だから。自信、自己肯定、思いやり、問題解決能力、感情と向き合う力、知識を活用する力、想像力があって、その上ハッピーなら、たとえ何が起きても「自分は大丈夫だ」と胸を張って生きていける。

そう思いませんか。

第2章

ほめることよりも大切な「対話の習慣」

子どもの考える力は、ほめれば伸びる。そう思っていませんか？

「あなたにとって、いちばん大切なものって、何？」と私は子どもたちによく尋ねます。今まで色々な答えを聞いてきましたが、いちばん印象に残っているのが、「命」です。

そこで、皆さんに質問です。もしも子どもが、「自分にとって、いちばん大切なものは命」と言ってきたら、何と返しますか。

「すごいね」でしょうか。

たしかに、「すごい」です。大人のほうがたじろいでしまいそうです。

では、皆さんにさらに質問です。「すごいね」とほめれば、この子どもの考える力は伸びるでしょうか。

おそらく、伸びません。

子どもの考えに対して「すごいね」と言うことは、たとえば、水泳教室に通って25メートル泳げるようになった子どもに向かって、「すごいね」と言うのとは、わけが違います。「すごいね」と言われると、またがんばろう、という気になります。水泳を習っている子どもなら、次は50メートル泳げるようになるかもしれない。水泳教室という、「伸ばしてくれる場」があるからです。

でも、考える力は違います。1章にも書いたように、日本社会には、考える力を伸ばしてくれる場がほとんどありません。ほめてやれば子どもが奮起して、どこかで考える力を伸ばして帰ってきてくれる、とはいかないのです。

また、子どもの考えを「すごいね」とほめてばかりいたのでは、子どもは、大人にほめてもらうことが「正解」だと思うようになり、「ほめてもらえそうな考え」を言おうと必死になるかもしれません。自分で納得がいくまで考えるという「考える力」の根本からすると、とんでもないことです。

ほめること、認めてやることはすばらしいことです。でも、それだけではダメなのです。認めた上で、子どもが考える力を伸ばせるような問いかけをしてやらなければなりません。では、どんな問いかけが効果的なのでしょうか。何に気をつければ、考える力は伸びるのでしょうか。

この章では、「考える力を伸ばすために、家庭でできること」をお話ししていきます。

まず受け止める→問いかけ、という大原則

皆さんに、いつ、どんなときも気をつけていただきたいのが、「どんな考えも、まずは受け止める」ということです。そして、受け止める→問いかけ、という大原則を必ず守ってください。

子どもの考えを受け止めるということは、子どもが一生懸命考えたという事実を「がんばったね」と認めてやることであり、また、そういう考え方をする個性を受けいれる、ということでもあります。子どもは、大人の想像を軽く超えるようなことを平気で言ってきます。でも、どんなときもまずは、「それでいいんだよ」と受け止めて、子どもがもっと考えたくなるような環境を作ります。

たとえば、「いちばん大切なものは何？」と子どもに尋ねたところ、「ゲーム！」と答えてきたとします。親としては、もうちょっとマシなことを言ってよ……と言いたくもなります。

でも、どうか、「ゲーム？　あり得ないでしょう」「そんなくだらないものが大切だなんて、情けない」などと言わないでください。

世の中に、「間違った意見」などありません。「間違った考え」もありません。どんなに反感を覚える意見や考えであっても、どんなに親の思惑と違っても、子どもの意見や考えを「ナシ」と言って否定することはできないのです。立場が違えば、考えも変わってくる。それだけのことです。

親の事情で自分の考えが否定されたのでは、子どもは考えるということに対して臆病になりかねませんし、「間違った考えなんてない」ということが、実感できなくなってしまいます。子どもの考えを思わず否定してしまわないためにも、「この問いには、この答えしかあり得ない」という風に、「唯一絶対の正解」を持たないよう、日頃から心がけることも大事です。

では、実際どうすればいいかというと、たとえば、「おもしろいね」と言って、まずは子どもの考えを受け止めます。「ゲーム」という答えは「（想定外故に）おもしろい」とも言えますね。

大事なのは、決してウソをつかないこと。考える力を伸ばしてやりたいばかりに、思ってもいないのに「すごいね」などとおだてるのはＮＧです。子どもは、大人のウソを簡単に見破ります。本音じゃない言葉は、子どもの心に響きません。心に響かないコメントを聞かされても、

「よし、もっと考えてみよう」という気にはなれません。考える仲間になるということは、「人間として互いに真剣に対話する」ということでもあるのです。

どうしても「おもしろい」と思えない場合は、「そうか、そういう考えもあるね」と言う手があります。「ゲームがいちばん大切」という考えがあることは事実ですから、「そういう考えもあるね」という受け止めは、ウソにはなりません。

受け止めたら、問いかけをします。問いかけは、考えを深めるための起爆剤です。偉大な哲学者たちも、問いかけを通して自分の考えを深めたのです。子どもにはどんどん問いかけて、考えを深めるという感覚を味わってもらいたいですね。考えを深めるという経験を重ねていくことで、子どもは、考える力を伸ばしていきます。

いちばんパワフルな問いかけは**「なんで?」**です。「なんで?」と尋ねれば、子どもは、理由を考えざるを得なくなります。「あれ……? なんでかなぁ」と答えにつまるようなら、一から考え直すチャンスにもなります。理由の尋ね方については、次章以降、詳しくお話しします。

社会的、倫理的に認められない考え（たとえば、「爆弾で人をぶっ飛ばす」）も、どうぞ、まずは「そうか、そう思うのかぁ」などと、受け止めてやってください。どこまで真剣に考えているかはさておき、子どもがその時点でそう思ったことは事実です。事実を受け止めた上で、「それは乱暴過ぎるんじゃない？」「人が死んじゃうんだよ、いいの？」などと問いかければいいのです。

さて、子どもの考える力を伸ばすためには、日々の「考える習慣」がものを言います。「受け止め→問いかけ」は、考える習慣の大原則ですが、他にも、皆さんに是非、習慣にしていただきたいことがあります。それが、これからお伝えする「11の習慣」です（この習慣は必ず毎日実行しなければならない、というものではありません。時間的、気分的に余裕があるときに、やりやすいものから楽しんでみてください）。

習慣1　子どもとたくさん話し合おう

私は困ったことがあると、ひとしきり考えた後、子どもに、「ねえ、どう思う？」とよく相談します。子どもの答えがきっかけになって、考えを先に進めることができるからです。

前章でご紹介した「考える力の基本」の1つに、「他の考えに思いをめぐらす」がありましたね。誰かに相談して話し合うということは、「他の考えに思いをめぐらす」という作業を、他の誰かに手伝ってもらう、ということです。「他の誰か」は、あなたとは違う立場にいるので、「他の考え」を言ってくれる可能性が高いのです。

お子さんとは、どうか、たくさんのことを話し合ってください。「おばあちゃんのプレゼント、何にしようか」などの軽めのものから、「ママ、友だちに悪いこと言っちゃった、どうすればいいかな」といったシリアスなものまで、内容が、子どもにとってNGでない限り、子どもの考えを聞いてみてください。いきなり「どう思う?」とふるのではなく、まずは自分で考えた上で、**「ママ（パパ）も考えたんだけど、よくわからなくなっちゃって……○○ちゃんはどう思う?」**などと尋ねます。日々話し合いを仕掛けることで、子どもは、「考えてもわからないときは、話し合うのが当たり前」と感じるようになります（以下、「ママ」とあるところはもちろん、「パパ」に置きかえて読んでくださってもOKです）。

話し合う、などと書くと、「そんな時間も余裕もない」というお声が聞こえてきそうですが、話し合うというのは、「私はこう思うけど、○○ちゃんはどう?」という風に、お互いが思っていることを伝え合う、ということです。食事の後、送り迎えの途中、寝る前、お風呂の中……伝え合う場はその気になれば、いくらでも見つかると思います。

子どもと話し合うと、いいことがたくさんあります。子どもにとっては、考えるためのいいトレーニングになりますし、「あなたの意見のおかげで、先に進めたよ」と伝えれば、子どもは自信を持てます。他の人の考えを聞くと自分の考えが深まる、ということを実感させることもできますね。そして、「ママだって答えが出ないことがある、あなたも心配しなくていいんだよ」というメッセージを伝えることもできます。

習慣２　「人の話をさえぎらない」をお互いに守る

他の人の話をさえぎって、自分が言いたいことを言う——子どもにはよくあることですが、対話のマナーを身につけさせるためにも、「１人ひとりの意見は尊重されるべきだ」ということを実践を通してわからせるためにも、「人の話をさえぎらない」というルールは、親子で守るようにしてください。

子どもがあなたの話をさえぎってきたら、「ママ、今話してるよ。**人が話しているときはどうすればいいいんだっけ？**」とルールを思い出させます。さえぎらないことの意義を子どもがまだよく理解していないようなら、「どうして人の話はさえぎっちゃいけないんだっけ？」と尋ねます。これに対する答えにも、絶対の正解はありません。「人の意見は大切だから」「おもしろいことを言うかもしれないから」など、「人の意見は尊重するもの」ということが、その子どもの年齢や性格なりにわかっていれば、ＯＫです。

そして、あなたが話し終わったら、「聞いてくれてありがとう。さっきは何を言いたかった？」などと言って、さえぎって話したいという気持ちを抑えた子どもの努力を、認めてやってください。さえぎらないというルールは、やさしく促してやれば、「せっかく言おうと思ったのに、言わせてもらえなかった」と子どもを萎縮させることもないと思います。

習慣3　意見は1人ひとり違うからすばらしい、ということを態度で示して

子どもと話し合うときは、子どもが言ってくる意見を「そうなんだ～」とひたすら聞くのではなく、親も意見を持って、それを口にするようにしてください。そうすることで、子どもは、「意見というものは、1人ひとり違って当たり前」ということが実感としてわかるようになります。

また、**「Aちゃんは○○って思うのね！　おもしろいね。ママは□□と思うな」**などのように、「誰が」そういう意見を持っているのか、ということを言葉の上で明確にすると、「意見は、

その人の大事なもの」という意識を育みます。

「あの映画の中で、Aちゃんは○○がおもしろいと思ったんだね。ママは、××がおもしろかった。注目するところが違って、おもしろいね」などと、意見は違うからこそ価値がある、ということを伝えるのもいいですね。

習慣4　「答えを言わない」は、質問のときだけじゃない

子どもに何か質問されても、大人は、答えを言わない。子どもの考えるチャンスを奪わないためですね。

「大人は答えを言わない」というルールは、子どもが質問してきたとき以外にも、色々と応用できます。

たとえば、子どもと一緒に出かけて、帰り支度《じたく》をしているとき。子どもに、「ほら、水筒、忘れてるよ」と「答え」を言うかわりに、**「荷物、いくつ持ってきたっけ？」**と聞きます。こうすれば、子どもは、自分の荷物の数を思い出して、忘れ物がないかどうか、自分で考えることができます。

あるいは、すでに言い聞かせたことを、子どもが忘れているとき。「バスの中では静かに」と何度も言っているのに、うちの子、また大声出してる……というときは、「静かにしなさいって言ったでしょ」と、答えを繰り返すのではなく、**「バスの中ではどうするんだっけ？」**と言って、自分で考えることを促します。子どもが約束を守っていないときにも、「さっき、なんて約束した？」と確認することができます。

子どもが新しいことにチャレンジするときも、「答えを言わない」を守ると、子どもはぐんと成長します。たとえば、食事が終わって、自分が使った食器を台所に持っていくとき。子どもの危なっかしい持ち方を見ているとハラハラして、つい手を出したり、「そんなにお皿を重ねないで！」などと、食器運びをパーフェクトにこなすための「答え」を言ってしまうこと、ありませんか。

そんなときは、**「お皿をどういう風に持っていけば、落とさないですむと思う？」**などと聞くことができます。割れにくい食器なら、何も言わずに、子どもにまずはやらせてみるのも手です。お皿を無理矢理重ねて運んだ結果、床に落としてしまった……となれば、子どもは、「次はどうすれば落とさないですむか」と考えるようになります。何か新しいことにチャレンジするときは、親が許せる限り、どんどん失敗させてやってください。「最初から完璧にこなせる人なんていないんだよ。失敗するから、皆成長するんだよ」というメッセージを伝えることもできます。

習慣5 「○○しなさい」を考えるための質問に変える

「片づけなさい」「宿題を先にやってしまいなさい」など、子どもが小さいうちは特に、「しなさい」を連発しがちです。でも、連発するからこそ、「しなさい」を考えることに結びつけたいものです。

たとえば、「片づけなさい」なら、「これ、片づけないとどうなる？」と質問してみます。「片づけなさい」は命令なので、子どもはそれに従う（または従わない）だけですが、「片づけないとどうなる？」と質問すれば、考えるチャンス到来です。

「部屋がきたなくなる」などと子どもが言ってきたら、ここでも、〈受け止める→問いかけ〉を実行します。「うん、きっとそうだよね」（受け止め）→「じゃあ、どうすればいい？」（問いかけ）などと言えば、子どもは「自分で片づける」などと言ってくると思います。

「○○しなさい」は、このように、**「○○しないと、どうなる？」**と未来を予測できるような問いにするのがおすすめです。「宿題を先にやってしまいなさい」なら、「宿題を先にやらないと、どうなる?」、「ちゃんとあやまりなさい」なら、「ちゃんとあやまらないと、どうなる?」など。子どもは、先のことを考えずに、現在を大いに満喫する傾向があります。未来を予測することは「考える力」の大事なポイントなのですが、このように子どもに問いかければ、未来を予測するクセを、毎日の生活の中で身につけさせることができます。

「○○しなさい」は言いかえると、それをしないと困る、ということですよね。「○○しないとどうなる?」と問いかければ、子どもは、「○○しないと困るかも。でも、何がどう困るんだろう」と考え、その結果、「なぜ○○しなければいけないのか」という問いに対する、自分なりの答えを探すことになります。自分なりの答えのもとに動くのと、親に言われてしかたなくやるのとでは、子どもの行動そのものも大いに変わってくるはずです。

習慣6 「考えて動く」クセをつけるために

子どもには、「その場の状況を判断して、考えて動く」という力も身につけてほしいですよね。想定外の場面を生き抜くためには、「考えて動く力」は必須です。でも、「どう動けばいいか」という正解をいつも大人から教わっていたのでは、このような力は身につきません。

食卓の準備や掃除など、子どもと一緒に家事をするときは、考えて動く力を伸ばすチャンスです。

たとえば、しょうゆ差しとコップはすでに食卓に出ているので、あとはお箸を出してもらいたい、というとき。「お箸をテーブルに出して」という「正解」を手渡す代わりに、**「テーブルにはあと、何を出せばいい？」**と質問できます。また、掃除機をあなたがかけているとき、「そこのイス、どかして」と言う代わりに、**「そこの床を掃除したいの。さあ、どうすればいいでしょう」**とクイズっぽくしてみることもできます。

このように「どうすればいい？」と聞く場合はたいてい、親のほうで「正解」（たとえば、「イスをどかす」）を用意していますね。ただし、「『正解』以外の答えはＮＧ」と思い込むのは危険です。

たとえば、お箸を出してほしいと思っているあなたが、「テーブルにはあと、何を出せばいい？」と尋ねたところ、子どもが「紙ナプキン」と言ってきたとします。紙ナプキンを食卓に滅多に出さない家庭の場合、「やだぁ、お箸でしょ」と言いたくもなりますが、やはりここでも、「紙ナプキン？　思いつかなかったな」などと言って、子どもの考えを受け止めます。その上で、「ところで、なんで紙ナプキン？」と問いかけます。

すると、「だって、紙ナプキンがあったほうがステキに見えるでしょ」などの答えが返ってくるかもしれません。紙ナプキンが家にあれば、食卓に出してみるのも一興かもしれませんし、ない場合は、「そうか！　紙ナプキンか……困ったな、うちにないんだ。どうしよう？」と子どもと話し合って、答えを探せますね。「考えて動く力」にも唯一絶対の正解はありません。子どもと大いに話し合いましょう。

習慣7　言語化させよう

考えるという作業は、言葉を使ってなんぼ、です。数字や絵が助けになることもありますが、考えを深めるためには、言葉をきちんと使う必要があります。

日本語は、言いたいことをあいまいにする傾向がありますね。あいまいに表現することには、独特の美しさがあると思います。でも、考える力においては、あいまい表現は歓迎できません。言葉があいまいなままでは、考えを深めることができないからです。日本語が母語の子どもには特に、「言葉はあいまいにしないで、きちんと使う」ということを、日頃から意識させたいものです。

たとえば、子どもが興奮した様子で、「うわぁっ、すごいって思った」と報告してきたら、

「そうなんだね！　**『うわぁっ』って、どんな感じ？　何がすごかったの？**　すごく気になる！」などと言って、子どもが自分の感覚をより明確な言葉にできるよう、背中を押してやってください（この場合も、まずは「そうなんだね」と受け止めます）。

また、子どもは、「みんな」「いつも」「絶対」などの大げさな言葉を、本来の意味を忘れて多用しがちです。「みんなそう言ってる」「Aちゃんはいつも怒る」「絶対に○○だ」など。子どもがこのような大風呂敷を広げてきたら、**「そうか、そう感じるのかぁ。ところで、『みんな』って、全員なの？」**などと、受け止めつつ、言葉の意味を確認してやります。

言葉できちんと語るクセをつけさせるためには、親子で交換日記をしたり（毎日書く必要はありません）、1日の終わりに、今日嬉しかったことを5つ、親子で紙に書きだしてみるのもおすすめです（心理学者 Tal Ben-Shahar 氏が著書 *Happier* にて紹介していた方法をアレンジしたものです）。

やり方は簡単です。寝る前に親子でそれぞれ、その日嬉しかったことを5つ、紙に書きだし、書いた内容をシェアする。それだけです。数分で終わります。紙に書きだしてみると、「イヤなこともあったけど、5つもいいことがあったんだから、けっこういい日だったな」と感じることは多いようです。「その日1日」を色々な角度から見られるようにもなりますよ。

習慣8　気持ちを言葉にさせる

人の気持ちや思いというものは、もともとは言葉という「ラベル」がついていないものです。なんかウキウキする、モヤモヤする……など、気持ちというのは本来、なんとも言葉にしづらい正体不明のものなのだと思います。

そして、人の考えは、ほとんどの場合、「正体不明の気持ち」からスタートしています。「なんかウキウキする」が「この人はすばらしい」という考えになり、「モヤモヤする」が「このポリシーは許せない」という考えに成長していくのです。私たちは、正体不明の気持ちというものに言葉を与えて、前に進んでいるのですね。

たとえば、あなたが最近イライラしていて、そのイライラの原因が、「仕事に復帰したいのに、できずにいる」ことだと気づいたとします。その原因を解消する（仕事復帰する）ために、転職サイトをチェックすることにしました。

ここで「あなた」は、本来は言葉が与えられていない自分の感覚に、「イライラ」という言葉を与え、「それは、復職したいのにできないからだ」という風に原因を言語化することで、納得しているわけです。自分の気持ちと、その原因を言語化したからこそ、「じゃあ、どうすればいいか」と前に進むことができたのです。

自分の気持ちを言語化して、その気持ちの原因を言葉の上で突き止めるということは、ときには大人でも難しく感じます。経験もボキャブラリーもまだ少ない子どもであれば、尚さらです。そもそも適切な言葉が見つからないことも多いですし、言葉にできても、その言葉を口にできないこともあります。泣いていることの本当の原因は「トランプに負けて悔しいから」なのに、「お兄ちゃんがお礼を言ってくれなかったから」などと、別の言葉を持ち出してしまうこともあります。

でも、考えることで生きる力を手に入れるためには、自分の気持ちと向き合って、問題を解決していかなければなりません。自分の気持ちと向き合うためには、「自分は今、どんな気持ちなのか」「なぜそんな気持ちになるのか」を言葉で把握して、考えて、そして前に進んでいかなければならないのです。

気持ちの体温計

次のページの写真は、我が家の「気持ちの体温計」です。子どもの「感情との向き合い方」

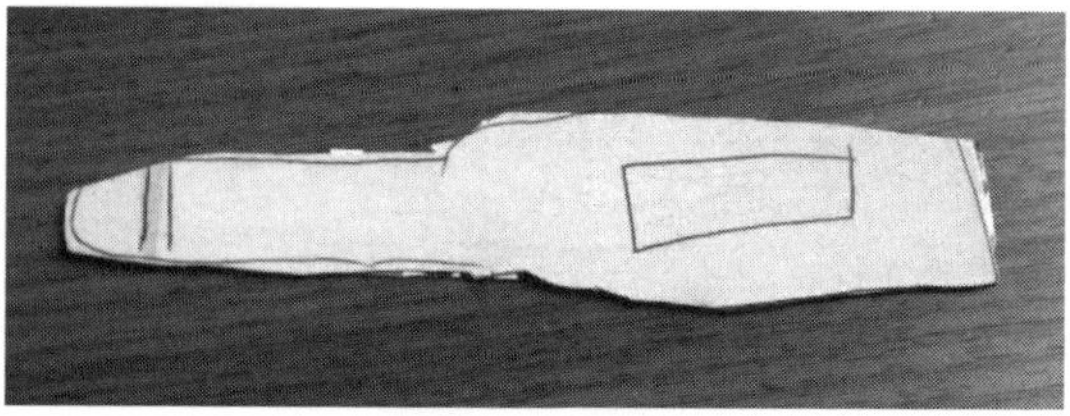

気持ちの体温計

を説いた名著*Developing Children's Emotional Intelligence*（Shahnaz Bahman と Helen Maffini 著）で紹介されていたものにヒントを得て、当時5歳だった息子に作らせたものです。

体温計とはいっても、体温計の両面の絵をボール紙に描き、それを切り取って貼り合わせただけの、単純な作りです。ところが、このお手軽グッズが、泣いたり怒ったりしたときに驚くべきパワーを発揮します。まだ言葉で表現することに慣れていない、未就学の子どもには特におすすめです。親が作ってもいいですが、子どもが作ったほうが、愛着もわきやすくていいと思います。

では、使い方です。

子どもが怒ったりふさぎこんだりして、自分の気持ちを言いづらそうにしていたら、気持ちの体温計を渡します（ひとしきり怒ったり泣いたりして、ある程度気持ちが落ち着きかけたときがチャンスです）。気持ちの体温計については、たとえば、次のようにやり取りしながら説明します。

親「普通の体温計は、何を測るためのもの？」
子「お熱」
親「そうだね。この体温計は『気持ちの体温計』といって、お熱じゃなくて、気持ちを測るためのものなの。普通の体温計は、ピピピと鳴ると、どうなる？」
子「お熱が何度か、わかる」
親「そう。この気持ちの体温計もね、ピピピって鳴ったら、あなたがどんな気持ちなのか、わかるんだよ。すぐ鳴ることもあれば、鳴るまでにすごく時間がかかることもある。ピピピって鳴ったら、自分の気持ちがわかった証拠だから、ママに気持ちを教えて」
子「……」
親「普通の体温計に『38度』って出ても、『ママに38度なんて言ったら叱られる』って思わないよね。気持ちの体温計も同じだよ。自分の気持ちがわかったら、心配しないで、体温計に『出たまま』を正直に話してくれればいい。ママは、絶対に叱らないから」

気持ちの体温計はただのボール紙のかたまりですから、鳴ることもなければ、「オコッテイル」と表示してくれるわけでもありません。気持ちの体温計というのは、一種の儀式なのです。「この体温計を脇の下に挟んで、自分でピピピと言えば、気持ちを正直に言うことができる」

「自分の気持ちは、素直に言ってもいいんだ」と子どもの背中を押してくれる、魔法のアイテムなのです。魔法のアイテムを持たせた状態で、「正直に話していいんだよ」と言うことで、何を言っても大丈夫、という安全地帯を作ってやります。自分の気持ちを言葉にするための、ベストの環境を作るのです。

最初のうちは、「自分の気持ちがわかった」とすぐには言えないかもしれません。脇に気持ちの体温計を挟んで、数分経っても子どもが何も言ってこないようなら、「もう鳴った？」などとやさしく促すことも大事です。「まだ」と言ってきたら辛抱強く待ちますし、「わかんない」などと言ってきたら、「そうか、わからないか。じゃあ、しょうがない」などと言って、追いつめないようにしてください。少し経ったら、気分がのって話してくるかもしれませんし、小さい子どもだって、自分の気持ちを口にしたくないこともあります。体温計を使うことの意義は、究極的には、「気持ちを口に出す」ことよりも、「自分の気持ちに向き合う時間を持つ」ことにあるのです。

慣れてくると、自分から「体温計を取ってくる」と言って、話しやすい環境を自ら作りだすようにもなります。子どもが自分で「測れる」ように、気持ちの体温計は、子どもがすぐ手に取れる場所に置いておくといいですね。我が家は、本物の体温計と同じところに置いてあります。

子どもにウソは言わない、と大原則のところで書きましたが、ここでも、「自分の気持ちを正直に話していいんだよ」と言った以上、子どもが何を言ってきても、正直に話したということを、本心から認めてやる必要があります。「正直に話していい」と言ったのは本気なんだ、ということを伝えるために、「正直に話していい、と言ったからには、ママは絶対に約束を守る。信じて」などと言うのもいいですね。

「ママがあんなひどいこと言ったから、イヤだった」と言ってきても、どうか、受け止めてやってください。小さな子どもが、色々な思いと戦い、自分の気持ちを客観視しようと努め、それに言葉というラベルを貼って、勇気を出して言ったのです。「よく正直に言ってくれたね」「勇気が要ったでしょう」などと言って、認めてやります。

受け止めたら、ここでもやはり、問いかけをします。「ママはそんなつもりで言ったんじゃないんだ。でも、イヤだったんだね。ママの言い方がいけなかった?」など。その上で、必要であればさらに話し合えばいいのです。

具体的にどのように話し合えばいいかは、4、5章でお話しします。

習慣9　子どもの答えを先取りしない

よく、「きっと○○ちゃんは、△△と思ったのよね」と、子どもの気持ちを代弁する親御さんがいます。子どもは言いづらいのだろう、かわいそうだから代わりに言ってやろう、という親心なのだと思いますが、「考える力」からすると、これはよい態度とは言えません。

そもそも、「子どもは言いづらいだろう」と決めつけるのもおかしいですし（子どもの言語化力を過小評価しているようなものです）、いくら親でも、子どもの気持ちを100パーセント、子どもと同じように把握することなど、できないのです。血がつながっていても、お互いのことをよく知っていても、子どもと親は、知識や経験も違えば、性格も微妙に違います。まったく同じ視点を持つことは不可能なのです。まったく同じ視点を持っていないのですから、子どもが「とても辛い」と思い、親がその気持ちを知っていたとしても、「辛い」の定義と感覚は、親と子で微妙に違ってくるはずです。

また、親がこのように子どもの気持ちを代弁していると、子どもはいずれ、「私が言わなくても、誰かが代わりに言いづらいことを言ってくれる」「いつもママが言ってくれるから、自分の気持ちなんて考える必要がない」と思いかねません。

習慣10　難しい言葉の意味を説明するときは、劇にしてみる

子どもは、どこかで聞きかじった難しい言葉について、「○○ってなぁに？」とよく尋ねてきます。たとえば、「税金」「株」「交渉」。このような大人の世界の言葉は、子どもの経験や知識では想像がつきませんから、子どもに「どういう意味だと思う？」と言って意味を探らせるわけにもいきません。ある程度の年齢の子どもなら辞書を引くこともできますが、小さい子どもだと、そうもいきません（子どもに知ってほしくない言葉については、「まだ知らなくていいよ」などと言ってごまかすしかありません）。

小さな子どもに、たとえば、「ゼイキンってなぁに？」と聞かれたら、「自分が住んでいる国や町を、住みやすいところにしてもらうために、国や町に払うお金のこと」とサラッと説明するのもアリだと思います（大人の説明力の訓練になります）。

でも、このやり方だと、子どもは、大人の話をひたすら聞く「受動モード」に入りがちです。「子どもに考えてもらいたい」と思うのなら、ときには一工夫しなければなりません。そこで、言葉の意味を説明するための「劇」をやってみます。

私は、劇をするときは、我が家のクマのぬいぐるみを数匹使います（全ての役を私1人でこなします）。ハードルが高そう……とお思いになるかもしれませんね。もちろん、疲れているときや忙しいときは、言葉の意味をストレートに言ってもOKです。でも、「今日はちょっとやってみようかな」と思ったら、チャレンジしてみてください。けっこう盛り上がりますよ。

夕飯が終わった後などのほんの1、2分、クマを両手に持ち、ごっこ感覚で劇をするのは、ちょっとした息抜きにもなります。台本を準備する必要もありませんし、「このやり方が正解」などということもありません。「あ、間違えちゃった」と途中でやり直してもいいのです。

ヒントとしては、たとえば「株」のような物を説明する場合は、「いつ、どこで、誰が、どうやって、なんのために使うのか」を考えます。また、「一石二鳥」などの概念を扱う場合は、「いつ、どこで、誰が、どういう状況にあると、『一石二鳥』と言えるのか」を考えてみてください。そうすると、劇にするためのお話のアイデアが固まりやすいと思います。私は今でもときどき劇をやりますが、うちの子どもたちはこれを「クマちゃん劇場」と呼んで喜んでいるようです。

かつて、娘に「株」について聞かれたときも、クマちゃん劇場をやりました。当時、子どもたちは毎日ぬいぐるみごっこをしていたのですが、ごっこの中では、クマのAちゃんがコーヒー店をやっている、という設定になっていました。そこで、「Aちゃんのコーヒー店」を題材にし、そのお店を応援したいという、クマのBちゃんを登場させました。

Bちゃん「ボク、Aちゃんのお店が大好きだから、応援したいんだ」

Aちゃん「ありがとう！　応援してくれるクマさんには、ボク、このチケットを渡してるの。1枚10円なんだけど、ボクのお店がすごく人気が出たら、このチケットを1枚１００円で他のクマさんに売ることもできるんだ。応援してくれるクマさんへの、お礼というか……。でもね、お店の人気がなくなると、10円のチケットを売っても、5円にしかならないかもしれないの。それでも……いい？　Bちゃんのチケットが１００円になるように、ボク、がんばる！」

などとやるわけです。そして、最後に、「このチケットが、株」と種明かしをします。もちろん、基本的なところしかおさえていません。あまり長くなると、こちらもたいへんですし、子どもも退屈してしまいます。

劇にすると、子どもは劇を見ながら、「そうか、そういう意味なのか」と咀嚼《そしゃく》しなければならなくなるので、ちょっとした理解力トレーニングにもなります。

劇にするのに向いているのは、難解な言葉や、格言、四字熟語です。逆に、お話にできないほど単純な概念の言葉（たとえば、「ピアス」）は、そのまま意味を伝えていいと思います。

親も知らないような超難解語は、正直に「知らないなぁ」と言って、**「私も意味を知りたいな。どうすれば、その意味を知ることができるかな」**と聞くのもいいですね。知らないことはどうやって調べればいいのか、誰に聞けばいいのか、を考える、いいきっかけになります。

習慣11　自分の意見に責任を持たせる

日本には、自分の意見をしっかりと持って発言する、という文化がまだ根づいていませんから、「自分の意見に責任を持つ」ということもあまり意識されていません。でもこれは、とても大事なことです。

意見は、自分で一生懸命考えて作り上げるものです（実際に意見をどうやって作るか、については、次章でお話しします）。また、意見は、その人の自己表現でもあります。自分という人間を他の人に理解してもらうための、自分の大事な一部なのです。ここぞという場面で意見を言うときは、「一生懸命考えたからこそ、自分の大事な一部だからこそ、自分の意見には責任を持つ」という覚悟が必要です。

軽はずみに「意見」を言い、「そんなつもりじゃなかった」と言い逃れをする大人がどれだけいることでしょう。責任を持てない意見など、本来言ってはいけないのです。

「自分の意見に責任を持つ」という意識を育むために、子どもが何か決断をしたら、**「自分が決めたことには、ちゃんと責任を持てるね？」**などと聞くようにしてください。決断は、「○○しよう」という、言わば、最大級の意見ですから。

ジャンケンで決めよう、と子どもが言ったときは、責任を意識させるチャンスです。たとえば、最後の飴を誰がなめるか、ジャンケンで決めよう、と子どもが言ったとします。自分からジャンケンと言っておきながら、負けると怒ること、けっこうありますよね。子どもらしくてかわいいのですが、ここで、「ジャンケンしようと言ったのは、あなただよね」と思い出させます。「ジャンケンって、いつでも勝てるの？」「勝ったり負けたりするのがジャンケンだよね。ジャンケンをしようって決めた以上、勝っても負けても恨みっこなし、でしょう。自分が決めたことには、責任を持たないと」などと諭《さと》します。責任については4章以降、さらに具体的なケースをご紹介します。

第3章

「なぜ？」「どうして？」と、とことん考えよう

いちいち理由を言わせていると、頭でっかちな子どもになる。そう思っていませんか?

考える力において理由は大事、とこれまでお話ししてきましたが、中には、「いちいち理由を言わせていると、頭でっかちな子どもになるのではないか」と心配なさる方もあるかもしれませんね。

私が、子どものための「考える力」のクラスを始めた頃、「いちいち理由を言わせていたら、自己主張の強い、頭でっかちな子どもになってしまう。我が子にはそんな風になってほしくない」「考える力だなんて、子どもにそんな小難しいことを教えてどうするんですか」という反発がけっこうありました。そのたびに、「理由を考えることと、自己主張の強さは関係ありません。考える力は、小難しいことじゃないんです」と説明してきました(今ではそういうことを言われることもなくなりました)。

1章でも書いたように、理由を考えることは、相手への思いやりにつながっていきます。理由を考えることで、自信も芽生えます。「ボク・私の意見は反対されるかもしれない。でも、ちゃんとした理由がある。自信を持って言ってみよう」と思えるのです。そして、理由にはさらにすごいパワーがあるのですが……。続きは後ほど、この章でお話しします。

もちろん、理由を考えることだけが「考える力」の全てではありません。考える力の基本は、「きちんと理解する」「理由を考える」「他の考えに思いをめぐらす」の３つです（19ページ）。きちんと考えるためには、この３つを全て押さえる必要があります。

この章では、この３つの基本を実践に落とし込んだ、「きちんと考えるための３ステップ」をご紹介します。「小難しいこと」ではありません。子どもが、毎日をもっとハッピーに生きるための、自分のことをもっと好きになるための、大事な３ステップです。

きちんと考えるための3ステップ

考える力の基本（①きちんと理解する、②理由を考える、③他の考えに思いをめぐらす）を「きちんと考えるための３ステップ」に落とし込むと、次のようになります（「考える力の基本」は、考える力を支えている基本理念、「きちんと考えるための３ステップ」は、基本理念を実践に落とし込んだものです。３ステップを踏むことで、「基本」が早く、確実に身につきます）。

ステップ1【まずは、理解する】
自分の意見の「対象」をよく理解する
↓
ステップ2【とりあえずの意見を作る】
「自分はこう考える」と把握して、その理由を考える
↓
ステップ3【意見をしっかりとしたものにする】
「他の考え方もできるかな」と思いをめぐらして、納得のいく答えを出す

きちんと考えるということは、「しっかりとした意見を持つ」ということなのです。

この3ステップを踏めば、子どもでもきちんと考えることができます。子どもが3ステップを確実に実行できるように、親は問いかけをして、子どもの背中を押してやります。

前章でご紹介した「11の習慣」は、3ステップを実行するときも、必要に応じて使います。

「受け止め→問いかけ」の大原則と、「言語化させる」「子どもの答えを先取りしない」は、どんなときも意識するようにしてください。

では、子どもがきちんと考えるための「親の問いかけ方」を詳しく説明していきましょう。

ステップ1【まずは、理解するための問いかけ】

「詳しく教えてくれる？」

きちんと考えるためには、まず、意見の対象となっている「コト・人」をきちんと理解する必要があります。その「コト・人」の全体像を見なければなりません。

たとえば、あなたの娘が、「今日、学校で、Aくんにひどいことを言われた」と泣いて帰ってきたとします。娘の背が低いということを、Aくんがわざわざ皆の前で言った、と言うのです。あなたの娘は、背が低いことをずっと気にしていました。

親としては、「Ａくん、ひどい！」と言いたくなりますね。でもぐっとこらえます（「Ａくん、ひどい」という意見を持つ前に、全体像を見なければなりませんから）。「辛かったね」などと言って娘の気持ちを受け止め、それから、実際に何が起きたのか、確認します。

学校や幼稚園などで「こんなことがあった」と子どもが報告してくることは多いですね。でも、こういう報告は、ほとんどの場合、親がその場にいあわせなかっただけに注意が必要です。「こんなことがあった」という子どもの報告には、「その子どもの視点」が入り込んでいるからです。

仮に、右側が黒で、左側が白という、色が縦半分にきれいに分かれている車があったとします（Edward de Bono 氏による、多角的な思考法を説いた名著 *Six Thinking Hats* 内のアイデアをお借りしています）。この車の右側しか見えない場所から見ると、「この車は黒い」となりますが、左側しか見えない場所から眺めると、「この車は白い」となりますね。当たり前ですね。ところが、私たちはときに、同じものを見ていても見え方は変わってきます。視点が違えば、片側しか見えていないのに、「こちら側が黒なら反対側も黒に決まっている」と思い込んで、「あの車は黒一色だ」などと言うことがあります。また、白黒両方見える場所にいるのに、思い込みがあったり、気が動転していたりすると、「白一色だ」などと言ってしまうこともあるのです。

「自分の視点からは見えないこともある」「思い込みがあると、見えているはずのものも、見えないことがある」ということは、子どものうちは特にわかりづらいものです。子どもが何か報告をしてきたときは、「全体像」を見られるように、親が手助けしてやる必要があります。子どもの報告には穴があるはずだ、と疑ってかかるのではなく、きちんと考えるために、また、問題を解決したり、もっとハッピーになるために、「真実を知りたい」という精神で聞きます。「何があったの？　詳しく教えてくれる？」などと言って、子どもが話しやすい環境を作ります。


全体像を見るためには、まず、子どもの報告に5W1H（「いつ」「どこで」「誰が」「何を」「なぜ」「どのように」）が含まれているかどうか、確認します。5W1Hは、情報の全体像を把握するための基本です。

「今日、学校で、Aくんが、私の背のことを皆の前で言った」という報告であれば、「いつ」（今日）「どこで」（学校で）「誰が」（Aくんが）「何を」（私の背のことを皆の前で言った）の4点はカバーされていますが、「なぜ」「どのように」がまだわからないので、この2つにつき、子どもに聞いてみます。

「なぜ」については、**「どうしてAくんはそんなこと、言ったのかな」**、「どのように」に関しては、**「Aくんはどういう感じでそれを言ったの?」「どういう流れで言ってきたの?」**などと聞けます。また、「何を」については、Aくんが具体的に何と言ったかわからないので、**「Aくんは実際、何て言ったの?」**と聞いてみます。

全体像を把握できているかどうかチェックするためには、「そのシーンを、再現VTRにできるか」と考えてみるといいと思います。

Aくんの一件はどうでしょう。そのとき、「あなた」の娘やまわりの人はどういう状態にあったのでしょうか。それがわからないと、5W1HはわかっていてもVTRはできませんね。**「あなたやお友だちはそのとき、どうしてたの?」**などと聞けます。

子どもの日々のトラブルは、よほど深刻な場合はさておき、またとない成長のチャンスです。全体像をきちんと見て、親子で話し合うことで、成長へと導いてやることができます。

事実と意見を見分ける力をつける

さて、全体像をきちんと把握するために気をつけたいのが、「今話しているのは、『事実』なのか、『意見』なのか」という問題です。

事実は、何らかの形で証明できるものです。今皆さんが読んでくださっているのは「本」ですね。皆さんが拙著を指して、「これは本です」と言えば、それは「事実」です。読んでいる本を実際に見せたり、触ってもらうことで、本であるということを証明できます。

一方、意見は、人間が考えたことで、1人ひとり違い得るものです（例「この本はつまらない」）。

なぜ事実と意見を見分ける必要があるかというと、本当は誰かの意見に過ぎないものを事実だと思ってしまうと、全体像をきちんと把握できなくなってしまうからです。全体像をきちんと把握しなければ、きちんと考えることなどできません。

「今日、学校で、Aくんにひどいことを言われた」という発言は、「意見」です。「今日、学校で、Aくんが『何か』言った」ことは事実かもしれませんが、それを「ひどい」と判断するかどうかは人それぞれです。ところが、親は、我が子からこのような報告を受けると、「Aくんが『ひどいこと』を言った」という内容を「事実」として捉えがちです。我が子への愛情故の捉え方で、否定するつもりはありません。

でも、親が、「Aくんがひどいことを言った」を「事実」としてしまうと、「ひどいことを言ったのはAくんなのだから、Aくんにそう言わせないためにはどうすればいいか」と考えることになります。もちろん、Aくんは本当に「ひどい」ことを言ったのかもしれません。でも、それは、全体像を把握して「事実」を知るまではわかりませんし、「事実は〇〇のはず」と決めつけてもいけないのです。事実をきちんと理解してみれば、考えるべきは、「Aくんにそう言わせないためにはどうすればいいか」ではなく、「Aくんと仲良くなるためには、どうすればいいか」となるかもしれません。

子どもは、事実と意見を、大人以上に混同しがちです。自分の印象に過ぎないことを、絶対的真実であるかのように話すこともあります。ステップ1の「理解する」という段階では特に、事実と意見を親子で見分けるよう、心がけましょう。

たとえば、「B先生はおもしろくない」は「意見」ですが、「B先生は笑わない」は「事実」です。「お兄ちゃんはイジワルだ」は「意見」ですが、「お兄ちゃんがボクをぶった」は「事実」ですね。

子どもが言ってきたのが「意見」なら、**「なぜそう言えるの？」**と尋ね、その背後に「事実」があるかどうか、確認します。「お兄ちゃんはイジワルだ」と言ってきたら、「なんでイジワルって言えるの？」と聞き、答えが、「お兄ちゃんがぶってきたから」なら、「本当にお兄ちゃんがぶったの?」などと尋ねます。くれぐれも、問い詰めないようにしてくださいね。真実を明らかにすることに躍起になると、警察の取り調べのような雰囲気になりかねません。

私は小学生相手に、「事実と意見を見分けるクイズ」をけっこうやります。「明日は晴れるでしょう」「天気予報で、『明日は晴れるでしょう』と言っていた」「ミッキーマウスは人気者だ」などの文が事実か意見か、見分けさせるのです(「明日は晴れるでしょう」は意見、「天気予報で、『明日は晴れるでしょう』と言っていた」は事実。「ミッキーマウスは人気者だ」は、「人気者」の捉え方次第で、意見にも事実にもなります)。

この2つを見分けることができるのとできないのとでは、考える力、ひいては生きる力に、大きな差がでてきます。

たとえば、学校でのクラブ活動にはじめて参加するCちゃんが、大好きな先輩から、「手芸クラブはすごくいい」と教わったとします。これは先輩の意見に過ぎないのですが、子どもも大人も、自分が信頼している人の発言は、「事実だ」と思い込む傾向があります。事実だと思い込んだ時点で、人は、疑うことをやめてしまいます。

Cちゃんは、先輩の発言を「事実」と信じて、手芸クラブに入りました。ところが、全然楽しくない。こういうとき、ヘタをすると、「先輩の嘘つき！　あの人、嫌い」となりかねません。先輩の発言を、「所詮、これも先輩の意見。事実じゃないから、参考程度に聞いておこう」と思えれば、先輩のことを嫌いにならずにすんだかもしれないのです。

子どもはこれから、色々な人と、色々な場面でつきあっていきます。たとえば、「あの人はヘンな人だ」という意見に過ぎないものを「事実」としてしまうと、イジメのような事態も引き起こしかねません。

また、事実と意見の区別は、いわゆる「メディア・リテラシー」（メディアを使いこなす能力）とも関連してきます。ネットで見つけた「情報」という名の意見を、一意見として把握できれば、「そういう見方もあるんだな」程度ですみますが、「事実」と勘違いしてしまうと、間違った知識を身につけることにもなりかねません。テレビやネットで流されている情報を、事実か意見か見きわめて上手に使いこなす力が、子どもたちにはますます必要になってきます。

そして、子どもたちは、これからの人生、色々な選択や決断を迫られます。「あの学校は、絶対あなたに合うはず」という意見を「事実」と思い込んで入学したものの、学校になじめない……となれば、「合わない自分が悪い」と自分を不必要に責めることにもなりかねません。

子どもに「事実と意見を見分ける目」を養わせるために、食後の時間や、車に乗っているときなど、先ほどご紹介したようなクイズをやってみてはいかがでしょう。子どもには必ず、「なぜ事実（または意見）だと言えるのか」ということを説明させるようにしてください。親子で力がつきますし、盛り上がりますよ。

ステップ2【とりあえずの意見を作る】ための問いかけ

「○○ちゃんは、どう思う？」→「なんで？」

まず、「○○ちゃんは、どう思う？」と尋ねます。子どもが自分の意見を言ってきたら、受け止めた上で必ず、「なんで？」と理由を尋ねてください。

理由は、考える力の要です。私の「考えるクラス」では、私はしつこいほど「なんで？」と尋ねます。もちろん、意見の質を決めるのは理由だから、ということもあります。でも、理由のパワーはそれだけではありません。理由は、①自信の素であり、②1人ひとりの個性の現れであり、③「本気かどうか」を測ってくれるのです。

①　理由は自信の素である

たとえば、子どもたちが小学校で、「AとBという2つの劇のうち、学芸会でどちらをするか」ということを話し合っていたとします。タロウくんが「Aがいい」と言ったところ、まわりから「なんで?」と聞かれました。タロウくんは「えーっと……」と言葉に詰まり、結局、出し物はBに決まりました。

もしもタロウくんが理由を言っていたら、どうなっていたでしょうか。たとえば、「Aは、皆が大事な役をもらえるから」と言っていたら……。

理由は、ときには、自分の言い分を通すための武器にもなります。でも、私が子どもたちにしつこく理由を尋ねるのは、「自分の言い分を通して相手を言い負かすスキル」を身につけさせるためではありません。自分の意見に自信を持たせるためです。

理由なしに「Aがいい」と言うことは、「なぜ、Aでなければいけないのか」という必然性がわかっていない、ということです。必然性がわかっていないと、「Aがいい」という意見も揺らいでしまい、自分の意見に対して自信が持てません。

一方、理由がわかっていれば、「なぜ、Aなのか」という必然性が出てきますし、本人の大事な拠《よ》り所にもなります。「ボク・私は自分なりに理由があるからこそ、この意見を持っている」という自信が芽生えるのです。

自分の意見に自信を持つことと、自分の意見に執着することは違います。自分の意見に対する自信というのは、「まずはこの意見で行こう」という、スタート地点の覚悟のようなものです。

世の中に、完璧な意見などというものはありません。その人にとっては「完璧」な意見でも、価値観や経験の違う他人にしてみれば「今イチ」かもしれないのです。だからこそ、他の人と話し合って、さらにいいものにしていく。意見とはそういうものです。ですから、どんなに自信があっても執着してはいけないし、「私の意見は完璧なのだから、言い負かしてやろう」と思ってもいけないのです。

② 理由は、1人ひとりの個性の現れ

「サッカーが好き」と言う男の子は多いですが、なぜ好きなのか尋ねてみると、理由は様々です。ボールを蹴るのが好き、シュートを決めたときの感じが好き、お兄ちゃんがサッカーをやっていて好きになった……など。

サッカーのどこが好きか、ということを理由にする子どももいれば、好きになったきっかけを理由にする子どももいます。サッカーの「何」が大事かは、1人ひとり違うのです。

誰かとまったく同じ理由を持っている人は、まずいません。たとえば、AくんとBくんが、「サッカーが好きなのは、ボールを蹴ることが好きだから」と言ったとします。「蹴ることの何が好きなの?」と尋ねると、「スカッとする」(Aくん)、「ボールが思ったほうに進むのが好き」(Bくん)。「蹴ることが好き」の中身が違いますね。

理由には、1人ひとりの個性が出ます。そんなことを考えていたのか、と聞いていて嬉しくなります。子どもの個性をきちんと理解し、尊重するためにも、理由はどんどん口に出してもらってください。

③ 本気かどうか、わかる

娘が8歳のとき、「劇団のオーディションを受けたい」と言ってきたことがありました。当然、「なんで?」と尋ねました。

返ってきた答えは、「去年、学芸会で劇をやったとき、『これだ!』と思った。舞台に立って演技して、拍手してもらったとき、本当に嬉しくて、あんな幸せはそれまで感じたことがなかった。女優さんっていいな、と思って、1年間ずっと考えてきた。やはり女優になりたい」。

日々私に理由を言わされているので、慣れたものです。

理由を聞けば、子どもが本気で言っているかどうか、わかります。娘は本気だとわかったので、私はオーディションを受けることを許可しました。

もしもあのとき娘が、「テレビに出てみたいなぁ、とか思って」と軽く言ってきたら、許可しなかったと思います。軽くしか考えていない理由に、説得力などありません。「軽くしか考えていない」ということは、自分の意見に自信がない、ということでもあるのです。

ところで、娘が当時口にした理由は、ノートに書いておくように言い、そのノートは今でも大事に残してあります。劇団は厳しい世界です。やめたくなることもあると思います。そんなとき、初心に帰って、「私はどうして劇団に入りたかったのか」という理由を読み直せば、自信を取り戻すきっかけになるだろう、と思ったのです。理由は、「○○したい」という意見をがっちりと支えてくれる「要」なのですから。

子どもが理由を探せないときの３つのコツ

「なんで?」という問いに対して、常にスラスラと理由が言えるとは限りません。日本では、個人の理由をあまり追求しませんから、当然です。そこで、理由を探しやすくするための問いかけのコツを３つ、ご紹介します。

コツ1　「きっかけ」を聞く

質問を、「なんで？」から**「いつからそう思ってたの？」**に変えます。子どもが何か決断をするときには、特に効果を発揮します。

たとえば、「ピアノを習いたい」と子どもが言ってきたとき。「いつからそう思ってたの？」ときっかけを尋ねます。「Aちゃんのピアノの発表会に行ったとき」などと答えてきたら、続けて、**「そのきっかけの、何がすごかったの？」**（例『Aちゃんの発表会の、何がすごかったの？』）」と聞きます。すると、「ピアノってすてきだな、ってはじめて思った」という答えが返ってくるかもしれません。

「いつからそう思ってたの？」→子どもの〈きっかけ〉→「〈きっかけ〉の何がすごかったの？」というパターンです。

「きっかけ」は理由の宝庫です。きっかけがあったからこそ、思いや考え（例「ピアノを習いたい」）が芽生えたのです。そのきっかけについて子どもと話してみれば、理由の糸口が見えてきます。

コツ2　思い出を語らせる

自分の好きなものについて子どもに語ってもらうとき、私は必ず、「好きなものにまつわる思い出」を話してもらうことにしています。

以前、「好きなものはゲーム機」という男の子（当時小学1年）が、「ボクはずっとゲームを禁止されていて、でも、小学校に入って、やっとママが許してくれて、本当に嬉しかった」と話していました。ゲーム機にまつわる大切な思い出です。そして、この思い出は、「なぜ、ゲーム機がそこまで好きなのか」という理由にもなっていますね。

「Aが好き」「Bになりたい」「Cに行ってみたい」といった前向きな話は、思い出を掘り起こしてみると、そこには「なぜA（B・C）なのか」を語ってくれる、ステキなヒントがころがっています。「Dはイヤだ」などのネガティブな感情についても思い出を語らせることはできますが、必要がない限り、イヤなことにまつわる思い出は触れないほうがいいかもしれませんね。

コツ3　似て非なるものと比べる

たとえば、カレーライスが好きだけど、理由が思いつかない場合。似て非なる「ハヤシライス」と比べてみます。「ハヤシも好き？」と聞いてみると、「ハヤシは好きじゃない。甘いから」という答えが返ってくるかもしれません。さらに、「じゃあ、カレーうどんは好き？」と聞いてみると、「ライスのほうがいい」と答えてくるかもしれません。「甘くないところ」「ご飯であること」がカレーライスの魅力だ、と感じていることがわかります。

Aと、Aに似て非なるもの（＝B）とを比較すると、「なぜAでなければいけないのか」という必然性が明確になります。A（たとえば、カレーライス）だけだと、なぜ好きなのかわからなくても、似て非なるB（たとえば、ハヤシライス）と比較すれば、「Aにはあるけど、Bにはないもの」が見えてくるのです。

以上の3つのコツは、1つの意見につき、全て使うこともできますし、それぞれ単独で使うこともできます。子どもが体力的に余裕があるかどうか、判断した上で使ってみてください。また、きっかけを聞いても、思い出を語らせてもヒントが見つからなければ、似て非なるものについて聞く、という風に活用することもできます。

親も理由を考えよう、口にしよう

親が当たり前のようにしていることは、子どもも当たり前のようにするようになります。というわけで、理由は大事だ、という態度を、「当たり前のように」見せてください。

やり方は簡単です。たとえば、夕飯のとき、「今日はおみそ汁がとってもおいしくできたわ。

なんでかな」と言ってみます。「桜って、なんでこんなにきれいなのかな」とつぶやいたり、テレビを見ながら、「この人、なんでこんなことを言うんだろう」などと言うのもアリです。

理由は自分で言ってもいいですが、独り言のように**「なんでかな」**と言うと、子どもの「答えを教えてあげたい」スイッチが入ることも多いようです。聞いてもいないのに理由を言ってきたら、しめたものです。

理由を言うときは、「絶対に○○」という言い方をしないように注意します。「今日はパパ、早く帰ってきたいんだって。あなたと遊びたいからかな」などという風に、「かな」を語尾につけて、他の理由の可能性もある、ということを示すといいと思います。

理由を掘り下げることの重要性

理由は、複雑な構造になっているものがけっこうあります。たとえば、「女優になりたい」の理由が「色々なタイプの人を演じてみたいから」で、そのまた理由が「別の人になりきるのは、楽しそうだから」、そしてさらにその理由が、「別の感じ方や人生を経験できるから」だったとします。「女優になりたい」という理由は、三段構造になっているのですね。

理由を考えるときは、このようにどんどん掘り下げて、究極の理由を突き詰めるのが理想です（突き詰めれば、意見に深みが出ますし、自信も増します）。子どもが得意なテーマについて話しているときは、究極の理由を突き詰めるべく、「なんで？」と繰り返し聞いてみてください。

でも、「なんで？」とあまりに詰め寄ると、考えることが嫌いになってしまう可能性もあります。「なんで？」と何度か聞いてみても埒《らち》があかないときの対処法については、「答えが出なくても、心配しないで」（107ページ）をご覧ください。

理由を掘り下げることがいかにたいへんか、どれだけ意味があるか、親が実体験として知っていることも大事です。自分で経験していれば、掘り下げ方のコツもわかりますし、子どもに、「理由を考えるのは大切だけど、たいへんだよね」と寄り添ってやることもできます。

実は、皆さんに是非、理由を掘り下げて考えていただきたいことがあります。それは、「我が家のルールは何か」ということです。

我が家のルールについて、理由を掘り下げてみよう

1人ひとりの意見は尊重すべきですが、子どもの意見を何でもハイハイと聞いていると、子どもの勝手し放題を引き起こしかねません。そうならないために、「これだけは我が子に守っ

てほしい」（たとえば、「ゲームは1日、30分まで」）というルールをはっきり決めておきたいですね。

ルールというのも、所詮誰かが言いだした意見です。理由を掘り下げれば、説得力のあるルールかどうか、見えてきます。たいした理由もなければ、あえて守らせなくてもいいですし、しっかりとした理由があるなら、自信を持って「守りなさい」と言えます。理由を掘り下げることで、親として、しっかりとした軸を持つことができるのです。

忙しくて考える時間がない、という方は、自分の「1人時間」を見つけて、考えてみてください。洗いものをしながら、掃除機をかけながら……自分1人の世界に入り込める時間を探してくださいね。

ちなみに私は、子どもの送り迎えに行くときなど、1人で歩きながら考えるのが好きです。忙しい合間に、外の空気に触れながらテンポよく歩くと、考えが進みます。

さて、「我が家のルール」について考えるときは、「我が家は」「1人の親として、私は」どう考えるのか、ということが大事です。「よその家に合わせなくちゃ」などと思わないよう、注意します。他の家庭を気にしていたのでは、自分で自分の家族のために考えることなど、できなくなってしまいます。それぞれの家庭には、それぞれの事情があるのです。じっくり考えた上で、「我が子にこれだけは守ってほしい」と思えば、それが社会的、倫理的に許される限り、自信を持ってください。

手順としては、まず、「我が家のルール」をリストアップします（書き出したほうが、頭の中を整理しやすいです）。そして、1つひとつのルールにつき、

1　なぜ、そのルールを守らせたいのか、理由をなるべくたくさん挙げる
2　それぞれの理由を、意見と事実に分ける
3　理由を掘り下げる

という手順で考えます。全部一気に考える必要はありません。時間が許す範囲内で、少しずつ考えていってください。

たとえば、「ゲームは1日、30分まで」というルールであれば、なぜこのルールを守らせたいのか、理由をなるべくたくさん挙げます（手順1）。すると、3つの理由が出てきたとしま

す。

ア　30分以上ゲームをすると、目が悪くなると思う
イ　宿題や家の手伝いをする時間がなくなる
ウ　家族と話す時間がなくなるのはイヤ

次に、この3つの理由を意見と事実に分けます（手順2）。アとウは「意見」、イは「事実」ですね。意見と事実に分けたら、理由を掘り下げるのですが（手順3）、意見と事実とでは、掘り下げ方が違います。

理由が「意見」の場合は、その理由に対して、「なんで？」とさらに質問してみます。アであれば、「なんで30分以上ゲームをすると、目が悪くなると思うの？」と自問します。なぜそう思うのか、調べてみてもよくわからない……という場合は、とりあえずはこの理由には説得力がない、ということになります。

ウの「家族と話す時間がなくなるのはイヤ」に対しても「なんで？」と自問します。すると、「家族と話す時間をなるべく長く持ってもらいたいから」という答えが出てきたとします。こ

れも「意見」ですね。最後に出た理由がまだ「意見」状態の場合は、「なんで?」とさらに自問します。

そうして最終的に出た理由が、「家族の会話は大事にしたいから」だったとします。「家族の会話は大事にしたい」は、親としての信念のようなものですね。理由を掘り下げた結果、自分の信念とも呼べるものに行き着いたら、「なんで?」はやめにします。信念というものは、さらに「なんで、それが信念なの?」と問いかけても、「だって、大事なものは大事だから」という風に話が堂々巡りになってしまうからです。

自分の「信念」に行き着いたら、「誰に対しても、自信を持って『これは信念だ』と言える?」と自問します。答えがYESなら、「この理由は説得力がある」と判断していいと思います。

一方、目の前にある理由が「事実」の場合。事実は証明できるので、それだけでも説得力がありますが、とことん考えるときは、「その事実の何が困るの?」(ネガティブな事実の場合)または、「その事実の何がすごいの?」(ポジティブな事実の場合)と自問します。理由として出てきた事実が、自分にとって何を意味するのか、確認するためです。

イの「宿題や家の手伝いをする時間がなくなる」はネガティブな事実ですから、「宿題や家

▶▶理由の掘り下げのプロセス

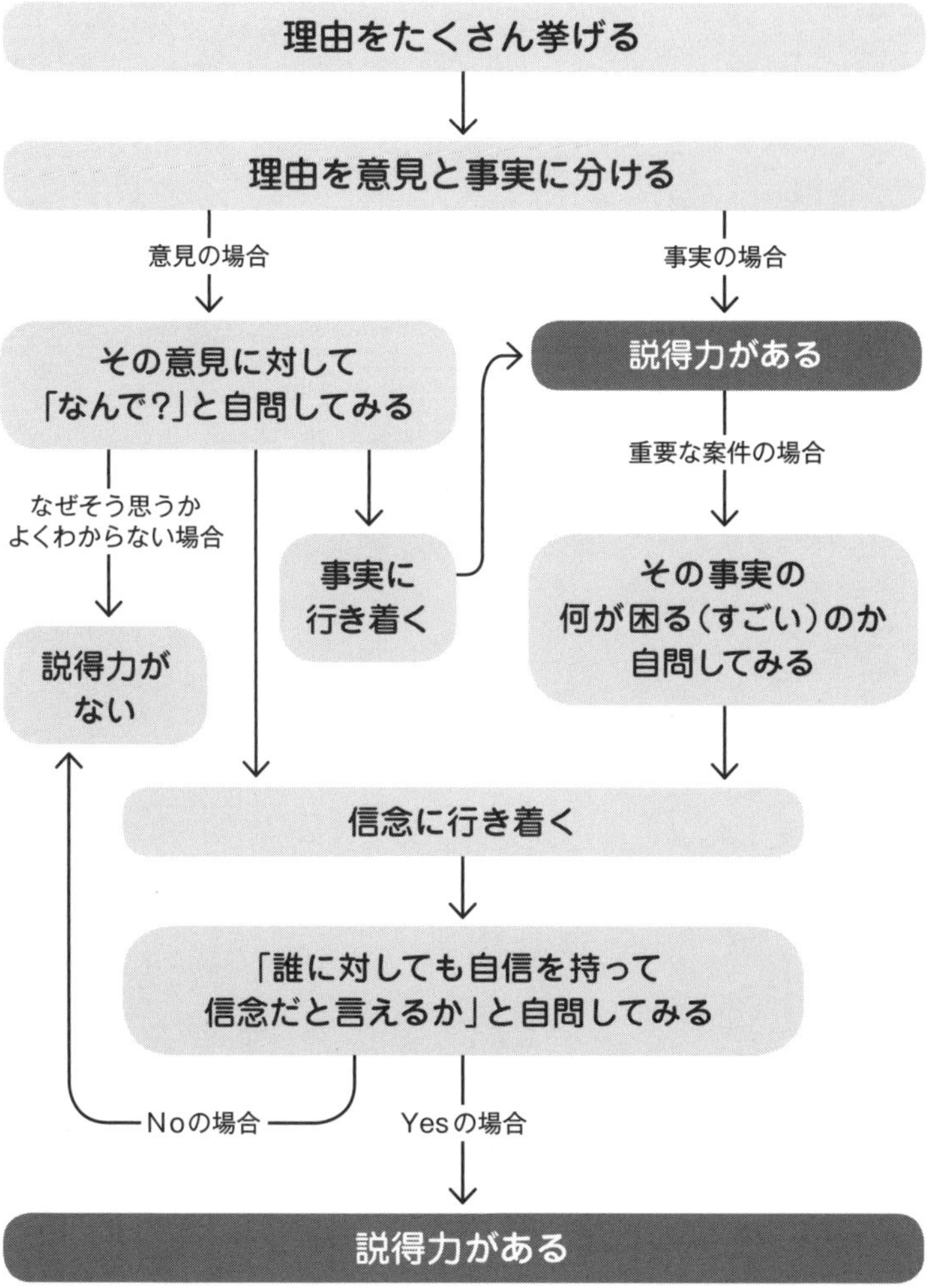
理由をたくさん挙げる
理由を意見と事実に分ける
意見の場合
事実の場合
その意見に対して
「なんで?」と自問してみる
説得力がある
重要な案件の場合
なぜそう思うか
よくわからない場合
事実に
行き着く
その事実の
何が困る(すごい)のか
自問してみる
説得力が
ない
信念に行き着く
「誰に対しても自信を持って
信念だと言えるか」と自問してみる
Noの場合
Yesの場合
説得力がある

の手伝いをする時間がなくなることの、何が困るの?」と自問します。すると、「宿題はもちろんしなければいけないし、子どもたちには、家の手伝いを通して、自分の身の回りのことをできるようになってもらいたい」という答えが出てきたとします。この答えも、「信念」ですね。というわけで、ここでもまた、「誰に対しても、自信を持って『これは信念だ』と言える?」と自問します。答えがYESなら、イには説得力があると言えます(NOの場合は、説得力がありません。「その事実の何が困るの〈すごいの〉?」という問いへの答えが複数ある場合は、それぞれの答えを信念レベルまで掘り下げ、誰に対しても「これは信念だ」と言えるかどうか、考えます)。

理由を掘り下げた結果、手順1で挙げた理由のうち、1つでも説得力のあるものがあれば、「このルールは自信を持って守らせよう」と決めることができます。

原則としては、理由の掘り下げは、最終的に「事実」レベルか「信念」レベルに落とし込めればOKです。親としての軸など、重要な案件について考えるときは、「事実」をさらに「信念」レベルに落とし込んでみてください。自分の考えや選択に自信が出ますし、自分のことをもっと知ることができるはずです。

このプロセスは、子どもの理由を掘り下げるときにも使えますが、あまりギュウギュウと問い詰めないようにしてくださいね。

ステップ3【意見をしっかりとしたものにするための問いかけ】

「でも」はNGワード

ステップ2で作った意見に対して、「他の考え方もできるかな」と考えるのがステップ3です。色々な方面から考えることで、意見をしっかりとしたものに仕上げていきます。

「他の考え方」を見せる方法としては、「実際にやってみたらどうなる？」と未来を予測させたり、「相手の立場に立って考えてみようか」と促すなど色々ありますが、いちばん手っとり早いのは、子どもの意見に反論することです。「Aちゃんはいじわるだ」と言ってきたら、**「Aちゃんはいじわるじゃないと思うな」**、「ピアノのお稽古をやめたい」と言ってきたら、**「やめなくてもいいんじゃない？」**など。

反論する場合は、「反論の理由」を考えなければなりません。反論も意見です。理由のない反論に、説得力などありません。「Aちゃんはいじわるじゃないと思う、だって、この間、あんなにやさしくしてくれたでしょう」、「お稽古はやめなくてもいいんじゃないの、自分にピアノは向いてないってあなたは言うけど、自分に向いているかどうか、そう簡単にわかるものじゃないと思うよ」など。理由つきの反論をすれば、親子どちらの意見がいいか、話し合ったり、第3の意見を考えだすこともできます（実際どう話し合えばいいかは、次章以降をご参照ください）。

たとえば、子どもが、「Aちゃん嫌い。いじわるだから」と言ってきたとします。「そうか」などと受け止めて、やおら反論に移るのですが……反論だけでなく、他の考え方を見せるときは、「でも」で始めるのはNGです。

どんなに受け止めても、その後「でも」と言ってしまうと、その前に言ったことを否定しているような印象を与えかねません。子どもは、「さっき受け止めてくれたのはオマケで、『でも』の後のほうが大事なんじゃないの？」と思ってしまいます。「受け止める・ほめる↓でも」という流れで話すとき、「でも」の後が本題、ということは多いですよね。

他の考え方を見せるときは、「でも」「だけど」などの逆接の言葉を使わないようにします。

やり方は2つあります。**「ママはこう思うな」**で始めるやり方と、**「ところで」**に変える方法です。

「ママはこう思うな」で始めると、実際の内容は反論でも、それを「別の考え」として見せることができます。「そうか」と言った後にちょっと間をおいて、「ママはこう思うな。Aちゃんはいじわるじゃないのかも。だって……」などと言います。「でも」などの否定的な言葉がない分、子どもは反論を受け入れやすくなります。

もう1つのやり方は、「ところで」と言って、反論の内容を、子ども自身が気づけるように、「問い」に変えることです。たとえば、「Aちゃんはやさしいところもある」ということを気づいてほしいなら、「そうか」の後、「ところで」と続けて、「Aちゃんはいじわるなところばっかり?」などと尋ねます。

ピアノのケースも、同じようにできます。「お稽古をやめたい。ピアノは私に向いてないから」という子どもの発言に対して、「ピアノが向いているかどうか、そう簡単にわかるものじゃないと思う」と気づかせたいなら、「それは辛いね」などと受け止めた上で、「ところで、ピアノが向いているかどうか、そんなに簡単にわかるものなのかな」などと聞けます。

「でも→反論」を「ところで→質問」に変えるのは、訓練するとけっこうできるようになりますよ。

他の考え方に気づくための、代表的な4つの問い

問い1 「あなたが○○の立場だったら……」

たとえば、「Bちゃんは『なんでも知ってる』ってすぐ自慢するからイヤだ」と子どもが言ってきたら、受け止めた上で、「じゃあ、Bちゃんの立場に立って考えてみようか」と言います（「でも」を使っていないことに注意）。

別の人の立場に立って考えるときは、その人になりきって考えるよう促してください。その人の性格や、傾向、好み、言動などを、子どもと一緒に思い返します。「Bちゃんが『知ってる』って言うのって、勉強に関係することだけ？」「Bちゃんは負けず嫌いだ、って言ってたね」「Bちゃんは勉強、好きなの？」など。子どもが、別の人（たとえば、Bちゃん）になりきれるように、その人はどんな人なのかという「おさらい」を一緒にします。

その上でもう一度、「Bちゃんの立場に立って考えてみようか」と言います。「あなたがBちゃんだったら……どうかな、自慢してるつもり、ある？」「負けたくないと思うことって、そんなに悪いことなのかな」など。

他の人になりきって、その人の目線で一生懸命考えて、その人の立場を想像すれば、子どもは「他の考え方」ができるようになります。そして、思いやりの心を育てることもできます。

思いやりというのは、他の人の立場を想像することだと思いますから。

子どもたちに「自分以外の立場」を想像する力をつけてもらうために、私は「物の立場」についてもよく話します。以前、私のクラスの小学生の男の子が、「先生、この封筒、もらっていい?」と聞いてきたので、「いいよ」と答えたところ、「グチャグチャにしちゃおう」と言ってきました。そこで、「グチャグチャはやめてほしいなあ。封筒の立場になってみて。私が封筒だったら……泣いちゃう」と返したのですが、数日後、その男の子が、「あの封筒、学校にモノを出すのに使ったよ」と教えてくれました。封筒は喜んでますね、きっと。

問い2 「実際にやったら、どうなる?」

未来を予測することの大切さについては前章でも書きましたが、未来について考えることは、他の考えに思いをめぐらすときにも有効です。

たとえば、子どもが、「誕生会はこういう風にしよう、こうすれば、友だちも喜んでくれるから」と考えていたとします。そこで、「じゃあ、実際にこの通りにやってみたら、どうなる?」と問いかけます。現実的な目で見てみると、「準備が間に合わない」などのほころびが出てくるものです。未来を予測することで、「本当にその考えでいいのか」「自分は、この意見に責任が持てるのか」ということも考えることができます。

問い3 「他に理由はある？」

たとえば、「ウソをつくのはよくない。だって、ウソをつくと、気持ちが伝わらないから」とAくんが言ったとします。そこで、「他に理由はある？」と尋ねてみます。すると、「ウソをつくと、その後もずっとウソをつかなくちゃいけなくて、たいへん」と言ってきました。Aくんはその後、「ウソをつき続けると疲れちゃう」という話を延々としています。どうやらAくんは、2つ目に出してきた理由のほうが本音のようです。

子どもは、最初に思いついた理由に飛びついて、「理由はこれだけ」と思いがちです。その理由がほめられそうな内容だと、尚さらです。きちんと考えるときは、理由はなるべくたくさん挙げたほうがいいのですが（そのほうが、説得力が増します）、子どもが相手の場合は特に、本音に気づけるようにするためにも、「他にもある？」と聞いてやることは大事です。

問い4 「たとえば？」

これは、子どもが「どこかで聞いたことのあるような意見」を言ってきたときに有効です。小学校高学年ぐらいになると知識も増えてくるので、他人の「格好いい意見」を、自分の意見として言うことがけっこうあります。

たとえば、「世界の貧困を救わなければいけない。なぜなら、お互い助け合うのが人間だから」という意見。子どもがこう言ってきたら、「すごいなぁ。ところで、救わなければいけない『貧困』って、たとえば何がある？」などと聞きます。

具体例を挙げるということは、一般論の状態になっている意見を、具体例という角度から捉え直すということです。世の中で「よい」とされている意見（たとえば、「貧困を救うべきだ」）は、よく言われているだけに、自分にとって身近な具体例を挙げられるようになってはじめて、「自分で考えた」と言えるのです。

「貧困」の具体例を子どもが思いつかないようなら、「どんな貧困を救いたいか、考えてみて。答えが見つかったら、教えて」と言うこともできます。こう言っておけば、子どもは「答えを見つけよう」というアンテナを張るようになります。そして、ある日ニュースで見聞きした内容にヒントを得て、「アフリカの子どもたちが、お金がないからお医者さんにかかれなくて、死んでる。ああいう貧困を、救わなくちゃいけないと思う」などと言えるようになるかもしれません。

ブレスト力を磨こう

ブレスト（ブレーンストーミング）は、「色々なアイデアを出し合うことで、いいアイデアに到達しようとする、一種の話し合いの方法」です。他の考えに思いをめぐらす力は、言いかえれば、「他にどんな考えがあるか、ブレストできる力」でもあります。

というわけで、親子で楽しくブレスト力を身につける法、のご紹介です。何かテーマを決めて、親子でどんどんアイデアを出します。ブレストは、アイデアを出しつくすことに意義があります。「こんなアイデアは、くだらないんじゃないか」などと気遣うと、ブレストが機能しません。**「どんなアイデアでもOK」**と子どもには念を押しておきましょう。

テーマは何でもかまいません。「9時までに布団に入るためには、どうすればいい？」「おじいちゃんのプレゼント、何にする？」「あの人、なんであんなに急いでいるのかな」など、正解がわかっていないものについて、子どもと、アイデアを出しつくします。「いちばんたくさんアイデアを出せた人が勝ち」「1人必ず5つはアイデアを出す」などのルールを決めておくと、盛り上がりますよ。

かつて、私の「考えるクラス」で、「体長20センチの雪だるまを3つ、（東京の）恵比寿《えびす》駅で作りました。この教室（恵比寿から一駅の距離）にいる私に、解けていない、そのままの状態の雪だるまを見せるためには、どうすればいいでしょう」というテーマでブレストをしたことがありました。小学生たちは、「アイスキャンデーを１００本買ってビニール袋に入れて、それをクーラーボックス代わりにして、そこに雪だるまを入れる」「タクシーを拾って、タクシーの運転手さんに冷房をガンガンきかせてもらう」などのアイデアを出してきましたが、中でも秀逸だったのは、「先生を恵比寿駅に呼び寄せる」。その男の子（当時小学4年）曰く、「だって、いちばんのポイントは、解けてない雪だるまを先生に見せることでしょう。それなら、先生を恵比寿に呼んだほうが確実」。

子どものブレストは、本当に柔軟で、聞いているだけで笑ってしまいますよ。

さて、3ステップ通りにやっても、ときには、うまくいかないこともあるかもしれません。そんなときのための心がまえをお伝えして、この章は終わりにしたいと思います。

答えが出なくても、心配しないで

毎日の生活の中であれこれ考えるということは、ときには、答えのない難問にもチャレンジするということです。たとえば、「A先生のことが好きになれない。A先生のクラスでこれからどうやっていけばいいのか」と悩んでいる子どもと話し合っていたとします。事態の全体像も見たし、理由も考えたし、別の角度からも考えたけれど、「これからどうしていけばいいのか」という問いへの答えは出ません。

こういうとき、絵が好きな子どもなら、絵を描かせてみるのも手です。**「A先生と、どんな感じになれたらハッピーになれるかな」**などと言って、描かせます。「ママなら、こんな感じがいいかも」と親が絵を描いてみせるのもいいですね。子どももつられて描きだせば、そこに、「これからどうすればいいのか」というヒントがあるかもしれません。

また、考えることがたくさんあり過ぎて、なかなか先に進めないときは、紙に書きださせることもできます。紙に書きだすと考えがまとまりやすいですよね。

答えは出ているのに口を閉ざしている、ということもあります。そういうときは、「あなたの考えは私に見える？」とやさしく問いかけて、話すよう促すこともできます。

私は、子どもたちによく、**「人の考えは、目に見えるの？」**と尋ねます。「どんなにあなたのことが好きでも、どんなにあなたのことを知っていても、どんなに想像力を働かせても、あなたの考えを私が全部知ることはできないんだよ。私は、あなたにはなれないのだから。あなたはこの世に1人しかいない、特別な存在なのだから」と話すこともよくあります。

それでも答えが出ないときは、考えることを一旦やめることも大事です。「どうにかして答えを出そうよ、一生懸命考えようよ」などと追い打ちをかけると、考えることが苦痛になりかねません。考えるということは、真剣にやると体力を消耗するものです。「そうか、わからないか。しょうがないよね、難しい問題だもの。これくらいにしておこうか」と言ってやることも、仲間の大事なつとめです。

当たり前のことを言うようですが、子どもは成長過程にあります。1年、あるいは数年経ってはじめて、ようやく答えらしいものが見えてくることだってあるのです。いつの日か子どもが答えを見つけ出せるように、親は、問いかけという球を色々投げておいてやればいいのだと思います。球を投げておいてやれば、いざというときの考え方のヒントになるはずですから。

第4章

実践！
叱らず「考える」子育て

「○○したくない！」と子どもが言ってきたとき、「しなきゃダメでしょ」と子どもを叱ってはいませんか？

「宿題したくない」

「片づけなんて、イヤだ」

しなければいけないことを、子どもが「したくない」と言ってきたとき。態度で思いっきりアピールしてきたとき。

皆さんなら、子どもとどう向き合いますか。

どう向き合えば、子どもは自分で考えて、自分で前に進むことができるでしょうか。


今までの章に書いてあったことを思い出しながら、ちょっと考えてみてください。


皆さんの答えはこんな感じになったでしょうか。

まずは受け止める。そして「なんでしたくないの？」と理由を聞いたり、「しないとどうなる？」などと言って、他の角度からも考える。「したくない」と言っている内容が「我が家の絶対に守らせたいルール」であれば、毅然《きぜん》と「しなさい」と言う。

すばらしいです。

でも、それでも子どもが納得しないこと、ありますよね。理屈はわかっているはずなのに、とにかく、言うことを聞かない。

私はそんなとき、「じゃあ、私を説得してみて。説得できたら、しなくてもいい」と言います。

子どもの「したくない」という言い分に屈しているわけではありません。言い分を通すための話術を身につけさせるためでもありません。「説得してみて」と言うのは、子どもがそこまで納得していないのなら、とことん考えて対話しようという、私の決意表明なのです。こう言うと、子どもも真剣モードに入ります。

この章と次の章では、「子どもの日常のトラブルシーンを、考える時間に変える方法」をお話しします。どう考えればトラブルを乗り越えて、成長の糧《かて》にできるのか。今までの章は基礎編、ここから先は応用実践編です。1つひとつのシーンにつき、前章でご紹介した「きちんと考えるための3ステップ」（74ページ）を踏まえながら、具体的な問いかけのコツをお伝えしていきます。

トラブルについて考えることは「楽しい」⁉

あんなことしちゃった、傷ついた、うまく行かないかも……トラブルについて考えるのは、楽しくはありません。でも、きちんと考えれば、子どもは、「考えたら、前に進めた」「トラブルは、乗り越えることができる」という実感を持てます。イヤなことだからこそ、どうにかしたいと必死に考え、必死に考えるからこそ、「自分はこんなに考えることができた」と自信を持つことができます。

この実感と自信、そして、パパやママが一緒に悩んで考えてくれた、ということが、子どもの大きな喜びとなります。そして、必死に考えることで考える力を伸ばし、喜びを手に入れることで、「次も考えてみよう」という気持ちを持っていきます。そうやって成長していく子どもを見ることができるのは、親にとっても、大きな喜びとなるはずです。

Scene1 「○○したくない！」

たとえば、予防接種の注射を「したくない！」と泣き叫ぶ子ども。なだめすかしてどうにか注射を終わらせてもいいですが、子どもの「したくない」という気持ちを受け止めた上で、「きちんと考えるための３ステップ」を実践すれば、泣き叫ぶシーンも、考える時間に早変わりです。

「きちんと考えるための３ステップ」は、

理解する（ステップ1）

←

理由付きの、とりあえずの意見を作る（ステップ2）

←

他の考えに思いをめぐらして、納得のいく答えを出す（ステップ3）

でしたね。

「注射したくない」というケースであれば、まずは「大丈夫」などと言って、子どもを抱きしめてやるのもいいかもしれません。落ち着いてきたら、「この間注射したとき、痛くなかったって言ってたよ」（ステップ１・注射という現実をきちんと理解できているかどうか、確認する）→「なんでしたくないの？」と理由を聞く（ステップ２・「それでもしたくない」と言った場合は、それがとりあえずの意見になるので、その理由を聞く）→「注射しなかったら、どうなる？」（ステップ3・しなかった場合の「未来」を予測することで、他の考えに思いをめぐらす）などと言えます。

注射の場合は、このようなやり取りをするうちに子どもが折れることも多いですが、頑として譲らないこともありますね。

たとえば、借りたDVDを自分で返しに行かなくちゃいけないのに、「イヤだ」と言う、あるいは、怒ったりぐずりだしたりする場合。「自分で借りてきたんだから、自分で返すのは当たり前でしょう」と諭して行かせることもできますが、ここでも、3ステップを応用してみます。

親「このDVD、誰が借りたいって言ったんだっけ？」（ステップ1・事態を確認）
子「ボク」
親「このDVDはいつまでに返さなくちゃいけないの？」（ステップ1・事態を確認）
子「今日」
親「DVD屋さんまで、うちから歩いて行けるよね？　歩いてどれぐらいかかる？」（ステッ

プ1・イヤだと言っていることが本当に「イヤ」なことなのか、確認）

子「5分ぐらい」

親「自分で借りたいって言ったんだし、今日返さなくちゃいけないんだよね？　5分で着くよ、ほら、行ってらっしゃい」

子「………」

親「なんでそんなに行きたくないの？」（ステップ2・理由を聞く）

子「………」

親「正直に言う分には、ママは絶対に叱らない。言ってごらん、どうしてそんなに行きたくないの？」

こうなると、子どもが何を理由に「行きたくない」と言っているのかわからないので、ステップ3に進めません。「気持ちの体温計」（59ページ）を使ったり、「私にはあなたの考えが見えないから、教えてほしい」と促すなどしてうまくいけばいいですが、子どもがますます意固地になることもありますよね（なぜ行きたくないか、子どもが理由を言える場合は、「行かないとどうなる？」「ママはこう思うな」などと言って、ステップ3に進みます〈99—105ページ参照〉）。

「説得してみて」

「したくない」と子どもが頑として譲らないときは、「じゃあ、私を説得してみて。私を説得できたら、しなくていい」と言ってみるといいと思います。絶対に守らせたいルールでも、ちょっとしたお手伝いでも、子どもが必死に抵抗してきたとき、私は必ず、「説得してみて」と言います。

「したくない」というのも意見です。「説得してみて」と言えば、子どもは、自分の意見に説得できるだけの理由はあるのか、「したくない」という意見に責任を負えるのか、必死に考えることになります。

子どもの好き放題を許すためではなく、「そこまで言い張るのならそれなりの理由があるはずだ、私はそれを知りたい、真剣勝負で話してみよう」というメッセージとして、「説得してみて」と言うのです。

ただし、「説得できたら、しなくていい」と言うからには、親側にも覚悟が要ります。「子どもがそれなりに説得力のあることを言ってきたら、自分の考えをあらためよう」という覚悟です。自分の発言には責任を負わなければなりません。

「説得してみて」と言うと、子どもはほとんどの場合、「真剣に考えてみたら、説得できるほどの理由はない」と気づくようです。結局はしたくないことをするハメになるわけですが、「説得してみて」というお題を投げかけられたことで、子どもは確実に考える力を磨くことができます。そして、「意見を言うということは真剣勝負なんだ」ということもわかるはずです。

もちろん、子どもが説得してくることもあります。以前、私の「考えるクラス」の男の子（当時小学3年）に休み時間中、「復習をするから、（そんな後ろに座っていないで）前に来て座って」と言ったことがありました。ところが、男の子は、「席を移りたくない」の一点張り。「じゃあ、私を説得してみて」と言うと、彼は傍らに置いてあったバッグを指差して、「ボクはこのバッグがとても大事だから、バッグから離れたくない」。見れば、とても重たそうなバッグ。「なんで大事なの？」と聞くと、「あとでおばあちゃんのところに行くんだ。おばあちゃんに見せたい、大事なオモチャが入ってる」。とても真剣な表情だったので、「わかった、私がそっちに行くよ」と言って移動しました。

子どもの「トラブル」に耳を傾けて

子どもの「したくない」「イヤだ」という主張には、どうでもいい話もけっこうあります。

たとえば、「お風呂の後、夕飯」という毎晩の流れに対して、子どもが、「お風呂→夕飯はイヤだ、夕飯が先がいい」と言ってきた場合。どうでもいい話です。でも、どんなトラブルも、子どもにとっては一大事なのだ、ということを忘れないでください。どうでもよくない話だからこそ、悩んだり抵抗したりするのです。

もしかしたら、本当に悩んでいるのは、お風呂と夕飯の順序ではなく、兄弟や学校のことかもしれません。他のことで心が塞がって、そのやるせなさを「お風呂が先なんてイヤだ！」という形でぶつけてくることもあります。トラブルは子どもが発してくる大事なメッセージです。「一大事だから、子どもの好きにさせて甘やかす」のではなく、「一大事だから、一緒に考える」という意識を持ちたいものです。忙しい毎日、子どもの発してくるメッセージ全てにきちんと向き合うことはできませんが、時間が許す限り、親子でたくさん話してくださいね（「学校に行きたくない」というケースについては、次の章で別途取り上げます）。

Scene2 「失敗しちゃった」

たとえば、体育着を学校に持っていくのを忘れた場合。年齢もまだ低く、それがはじめての忘れ物の場合、あるいは、滅多に忘れ物をしない子どもなら、「気をつけなさい」「今度から忘れ物をしないためには、どうすればいい？」などと軽く言うぐらいがいいと思います。
はじめての失敗や、たまたましてしまった軽い失敗をめぐって親子でじっくり考えてしまうと、失敗を恐れるようになってしまうかもしれません。子どもには、どんどん失敗して、どんどん成長してもらいたいですよね。でも、親だって人間です、怒りたくなることもあります。「人を傷つけるようなことでなければ、一度や二度の失敗ならさらっと流す、怒らない」と自分でルールを決めておくのもいいと思います。

親はたいしたことではないと思っていても、失敗した子どものほうがダメージを受けていることもあります。そんなとき、私はよく、**「よかったじゃない！　失敗できて」**とあえて明るく言います。すると、子どもはキョトンとして「なんで？」と聞いてきます。**「なんでだと思う？」**と返します。考える時間の始まりです。

「失敗しないためにはどうすればいいか、考えられるから？」などと子どもは言ってきますが、実は、答えは何でもいいんです。「失敗はイヤなことだけじゃない、いい面もある」と「他の考え」に思いをはせるだけでも、十分に意義があります。そして、いい面について考えれば、失敗から確実に何かを学べるはずです。

しかし、同じ失敗を何度も繰り返すとなると、「失敗できてよかった」と喜んでもいられません。じっくり考えて、学ぶべきことを学ばなければなりません。そこで、3ステップを使います。まずは、ステップ1です。

「いつ」「どこで」「どのように」

「いつ」「どこで」「どのように」を使って、子どもが自分で、失敗のパターンを把握できるようにします。失敗のパターンを把握しないと、「この失敗を繰り返さないためには、どうすればいいか」ということも考えられませんから。たとえば、遅刻が絶えない子どもなら、「どういうときに、遅刻しちゃうのかな」「遅刻するのは、朝学校に行くときが多いよね？　お稽古は遅刻しないものね」など。

「なぜいつもそういうパターンになるの？」

「朝学校に行くとき、遅刻することが多い」というパターンが見えてきたとします。そこで、次は、「なぜいつもそういうパターンになるのか」考えます。失敗の原因の傾向を突き止めて、先に進むためです。たとえば、「なんで朝は遅刻するのかな」と問いかけます。この問いに対する答えは、親のほうでわかっているかもしれませんが（たとえば、「いつまでもグズグズしているからでしょ」）、答えは口にしないでくださいね。子どもが自分で考えることに意義があるのですから。

「原因の原因は何？」「他に原因はない？」

そして、子どもが、「さっさと起きないから」などと原因を答えてきたら、「うん、たしかにそうかもしれない」などと受け止めた上で、さらに、なぜその原因が起きてしまうのか、他に原因はないか、一緒に考えます。

人間がすることには、色々な原因や事情が複雑に絡み合っています。1個の原因だけが失敗を引き起こしていることは普通ありませんし、子どもが口にした原因には、「その原因の原因」があることも多いものです。

「なぜその原因が起きてしまうのか」については、たとえば、「なんでさっさと起きられないのかな」などと問いかけ、「他にも原因はないか」に関しては、「朝遅刻しちゃう理由は、それだけかな」などとやさしく言ってみます。

似て非なるケースと比べる、自分の経験を話す

失敗の原因の傾向を見抜くことは大人でも難しいものですよね。子どもは尚さら難しく感じ

ますから、「なぜいつもそういう失敗パターンになるのか」について考えるときは、親がヒントを出してやることも必要です。ヒントのコツは、「似て非なるケースと比べる」「子どもの頃の経験を話す」です。

似て非なるケースと比べる場合は、「失敗する場面」と「同じような場面だけど、失敗しないとき」を比べます。たとえば、忘れ物が多い子どもなら、「学校に持っていくものを忘れることは多いけど、学芸会のときは忘れなかったよね。偉い！ってママ、思ったよ。じゃあ、学芸会のときはなんで忘れ物しなかったのかな。いつもと何が違ったんだろう」などと言います。

また、「ママも子どもの頃、忘れ物けっこうしたな。おつりをもらい忘れたこともあるよ。お土産を買って、お札を出したんだけど、お土産を買ったら嬉しくなっちゃって、おつりをもらうことをすっかり忘れちゃって」などと自分の経験を明るく話すのもいいですね。

「似て非なるケースと比べる」「子どもの頃の経験を話す」はいずれも、子どもが考えを先に進めるための環境づくりではありますが、一方で、子どもの気持ちを楽にしてやる、というメリットもあります。

失敗に限らず、子どものトラブルについて考えるときは、追いつめないことは特に大事です（反省させたいあまり、追いつめるような口調になってしまうこともありますが）。反省させることと追いつめることとは違います。追いつめると、子どもは緊張してしまい、考えるどころではなくなってしまいます。トラブルや失敗は誰にだってあることだ、とわからせるためにも、うまくいったときの成功体験を思い出させたり、「ママもそういうこと、よくやったよ」などと言って、リラックスした状態で考えられるようにしてください。

失敗の原因をきちんと把握できたら、ステップ2に移ります。

「じゃあ、どうしようか」→「なんでそうするといいの？」

ステップ1で「遅刻という失敗のパターン」を考えた結果、「遅刻するのは朝、学校に行くとき。なぜかというと、すぐ起きられないから、朝ごはんをダラダラ食べているから」ということがわかったとします。すぐ起きて、朝ごはんを早めに切り上げられれば、遅刻しないですむのですね。

そこで、「失敗しないための、とりあえずの策」を考えます。これがステップ2での「とりあえずの意見」になります。子どもがとりあえずの策を考えられるように、「早く起きて、朝ごはんを早く終えられれば、遅刻しないですむんだよね。じゃあ、どうしようか」などと聞きます。

子どもが、「いつもより30分早く起きるようにする」などと言ってきたら、なぜその策が効果的なのか、理由も尋ねます。「30分早く起きると、なんで遅刻しないですむの？」といった感じです。理由はわかりきっていることも多いかもしれませんが、ここでも「理由」という答えを親が言わないように、注意します。

とりあえずの策と理由が出てきたら、ステップ3に移ります。

「他にどんなやり方があるかな」

失敗について考えるときは、失敗を克服するための策をどれだけ考えることができるか、がキモです。ブレスト力も磨かれますし、あれこれ試してみるうちに、ベストな策は何か、ということを考える力もつきます。そこで、「他にどんなやり方があるかな」と問いかけます。

「他のやり方」は、紙に書きだすといいですよ。子どもに書かせてもいいですし、親が書いてもかまいません。書きだすと、「こんなに考えることができた」という記録にもなりますし、実行に移すための覚え書きにもなります。

書き出した紙は、たとえば、こんな感じになります。この段階では、ステップ2で出てきた策も含め、子どもが言ってきたことは全てリストアップします。

1　30分早く起きる
2　朝ごはんを30分以内に終わらせる
3　朝ごはんの量を減らす
4　5分経っても起きてこなかったら、ママに一度だけ起こしてもらう

「他のやり方」（2―4）についても、なぜそのやり方が効果的だと思うのか、理由を尋ねます。理由は、紙に書く必要はありません。

「ママはこう思うんだけど……」

子どもが出してきた策には落とし穴があることも多いのですが、子どもが策を出し切るまでは、「そんなの、ムリ」などと否定しないようにしてください。子ども自身が考え、自分で失敗を乗り越えようとすることが大事です。

子どもが策を出し切って、理由も考え終わったら、親ならではの知恵を貸します。「ママはこう思うんだけど……」と言って、たとえば、「朝ごはんの量を減らすとたしかに朝ごはんを早く終えられるけど、すぐお腹がすいちゃうし、力が出ないんじゃないかな。そうなったら、

困るよね」などと言います。

「ママの知恵」を出すときも、結論（「困るよね」）と理由（「朝ごはんの量を減らすとたしかに朝ごはんを早く終えられるけど、すぐお腹がすいちゃうし、力が出ないんじゃないかな」）をしっかりと言うように心がけてください。

「どれをやってみようか。自分で決めて」

ママの知恵と照らし合わせた結果、先ほどの紙の「3」以外なら「現実的だし、できるかも」という話になったとします。このように策を絞り込んだら、「じゃあ、どれをやってみようか。自分で決めて」と言います。

親が決めてしまうと、万が一うまくいかなかったときに、「ママが言ったからやっただけ」と言い訳をさせることになりかねません。自分で考えて自分で決めるからこそがんばるんだ、という感覚を、子どもには身につけてもらいたいですね。子どもが決めたら、「自分で決めたんだから、ちゃんとできるね」と確認します。

自分で選んでやってみたものの、うまくいかないことも、もちろんあります。そんなときは、他のやり方を試したり、もともとの策を修正することもできます。たとえば、「朝ごはんを30分以内に終わらせる」という策をやってみたものの、どうやっても30分以内に終えられないようなら、「40分以内」と修正し、その分、起床時間を10分早くする、ということもできますね。大人も子どもも、一度やれば即解決、なんて普通あり得ません。あれこれ策を試して、うまくいかなかったら親子で相談して、そしてまた先に進む。それがあるべき自然体だと思います。

中には、「うまくできなかったらどうしよう。また失敗したらどうしよう」と心配する子どももいるかもしれません。そうしたら、思いっきり励ましてやってください。私はよく、「うまくいかなくても心配しなくていい。あなたが努力してるってことは、ママ、ちゃんと見てるから。大丈夫」と言います。

（友だちに言ってはいけないことを言ってしまった、などのシリアスなケースも、同じようなプロセスで考えることができます。ステップ1では、「パターン」を認識する必要はありません。5W1Hを使って、「何が起きたのか」という事実を客観的に把握します。その上で、ステップ2と3は同じように行います。）

子どものことを見ていますか

うちの娘は忘れ物が多い子で、何度か大事なものをなくしたこともありました。どうにかして忘れ物をなくそう、と色々策を試してみたもののうまくいかず、母子で疲弊して、あきらめかけていたときのことです。当時9歳だった娘はそのとき、居間で絵を描いていました。娘に話しかけると、私の声など聞こえていない様子。何度か名前を呼んでやっと私の存在に気づいたのですが、その後しばらくすると、娘は手元にあった一通の手紙を読み始めました。すると今度は手紙のほうに夢中になり、ついさっきまで描いていた絵のことなど、すっかり忘れているかのようでした。

このときやっと、私は娘のことが理解できた気がしました。集中体質だということは知っていたのですが、1つのことだけにここまで集中するとは思っていなかったのです。そこで、娘に、こう言いました。「あなたが忘れ物するのは、しょうがないわ。今見てて、わかったの。あなたは何でもすぐ夢中になるから、それ以外のことは見えなくなって、忘れちゃうんだね。何でも夢中になれるっていうのは、すごいことなんだよ。でもそのすごいことがあるからこそ、忘れ物もしちゃうのかもしれない……。しょうがないんだけど、忘れ物するクセは直しておかないと、将来お財布を忘れたりしてとんでもないことになるかもしれない。だから、今のうちからちょっとずつ、できる範囲で直していこうか。応援するよ」

親が子どものことで知っていることは、たくさんあります。でも、「知ってるつもり」になっていることもあるのではないでしょうか。

私はあの日、子どものことをちゃんと「見る」ことの大切さを身をもって知りました。見て、知って、認めること。ちゃんと見ていなかったくせに何を言うか、とお叱りを受けそうですが、本当に大切なことだと思います。娘はあの日、寝る前に、「ママ、私の忘れ物のことをあんな風に言ってくれてありがとう。とても嬉しかった」と言っていました。

そして、あの日を境に、娘の忘れ物は劇的に減りました。どうすれば忘れ物をしないですむか、自分で考えて、進んで実行するようになったのです。私が娘のことをきちんと「見て」いないことを、娘はどこかで感じて不安になり、失敗と向き合えずにいたのかもしれません。

Scene3　大きなイベントを前に、緊張！

運動会、発表会、入学式。大きなイベントが近づくにつれ、子どもは、大人が思っている以上に緊張していることもあります。

大舞台を前に緊張することは、決して悪いことではありません。緊張は「がんばろう」という気持ちの現れであることも多いものです。中には、緊張で体が震えたり泣いたりする子どももいますが、そこまで緊張するほど一生懸命になれる経験って、ステキですよね（子どもに、

「緊張するのは、すごいことなんだよ」と伝えるのもいいと思います)。
でも、本人は辛い……そこで、親子で考えてみます。

「何が心配なの?」「何をするんだっけ?」

まずは、ステップ1で事実確認をします。何に緊張しているのか、そのイベントではどんなことをするのか、問いかけます。たとえば、運動会を前に緊張しているようなら、「運動会の、何が心配なの?」「運動会では何をするんだっけ?」などと問いかけます。

何が心配なのか、本人が具体的に把握していることもありますが(たとえば、「ダンスがうまくできるかどうか、心配で」)、なんだかわからないけれどとにかく緊張している、ということもあります。「何が心配なの?」という問いに子どもが答えられないようなら、そのイベントでは何をするのか、さらっと確認する程度でかまいません。考え過ぎると、よけい緊張してしまうかもしれませんから。

「なんで緊張するの?」

続いて、ステップ2に移ります。「緊張してる」という気持ちをまだ持ち続けているかどうか、やさしく尋ねます。「ダンス、一生懸命練習してたよね。ダンスのことで、緊張してるの？」「そうか、運動会、緊張するかぁ」といった感じです。

そして、「なんで緊張するの？」と理由を聞いてみます。「ダンスがうまくいかなかったらどうしよう……って心配」程度の答えでOKです。

そして、最後のステップ3では、2つの問いかけを通して、子どもが自分で緊張をほぐせるようにします。

「もしもうまくいかなかったら、どうなる？」

「〇〇ちゃんなら大丈夫、絶対にうまくいくよ」などと励ました上で、「ところで、もしもうまくいかなかったら……どうなる？」と聞いてみてください。

たいてい、「あれ？　何も起きないや」と言ってくると思います。

そうなんです。悔しい、はずかしい、と感じるかもしれませんが、万が一うまくいかなかったとしても、たいていは何も起きないんです。よく考えてみたら、実際は何も起きないんだ……と自分で気づく。ずっと気が楽になります。

現に、うちの息子がそうでした。運動会の1ヶ月前、毎日じんましんを出すほど緊張していたのですが、「もしもうまくいかなくても何も起きない」とわかった途端、笑顔が戻り、じんましんも出なくなりました。

この問いかけに似たものに、**「うーんとたくさん心配して、何かいいアイデア、浮かんだ？」**があります。心配でいっぱいになっている頭を、現実に引き戻してやるのです。たいていは、「浮かばない」という答えが返ってくると思います。「何も浮かばないなら、心配しないほうがいいかもね」と言ってやることができますね。

「あなたが客席にいる人だったら……」

もう1つのパワフルな問いは、「もしも当日、うまくできなかったとして……客席にいるママたちや友だちは、あなたのことを見て、どう思うかな」です。「大舞台に立っている自分」という立場から離れて、「客席にいる人」という、別の立場から考えてみます。

実際に客席にいるところを想像させると、イメージがわきやすいと思います。子どもには、こんな感じで話してみてください。「あなたがAちゃんのバレエの発表会に行って、舞台で踊っているAちゃんを見ていたら、Aちゃんが転んじゃったとする。そのとき、あなたはどう思う？」

子どもは「がんばれって思う」「惜しい！って思う」などと言ってくると思います。そうしたら、「あなたのことも、みんな、そう思ってるよ。もしもうまくいかなくても、誰も、『へんなの』なんて思わない。みんな、あなたのことを応援してる。だから、安心していい」などと話してやってください。

子どもは毎日を必死に生きていることを、忘れないで

子どもの毎日は、新しいチャレンジの連続です。新しい環境、経験したことのない悩み、新しい勉強内容。数年通い続けた学校やお稽古場でだって、新しいチャレンジはどんどんふりかかってきます。そして、そのようなチャレンジの中で、子どもたちは日々、必死に生きています。

当たり前でしょう、と言われるかもしれません。でも、そんな当たり前のことを、私たちはときに忘れてしまいます。大人の勝手な物差しで子どもの日常を測っている自分に、私自身、気づくことがあります。でも、それでは、子どものことを本当に理解して受け止めてやることはできませんよね。

子ども目線で物事を捉えるのは難しいものですが、「子ども目線力」を鍛えることはできま

す。

子どもが小さいうちは特に、その目線の物理的な低さを体験すると、色々な発見があります。たとえば、電車が好きな子どもと一緒に、電車の運転席のすぐうしろに立ち、子どもと同じ目線になるようかがんで、線路を眺めてみる。あるいは、子どもと目線の高さを同じにして、おままごとをやってみる。線路やおままごとの道具などが、びっくりするほど大きく、ドラマチックに見えますよ。

また、食卓の席を入れ替えて、子どもの席に座ってみる。あるいは、子ども部屋のイスに座って、部屋中のものを眺めてみる。文章を書くのが好きな方は、子どもと一緒に過ごした1日を、子ども目線で綴《つづ》る「子どもなりきり日記」を書いてみてはいかがでしょうか。「今日はお母さんと買い物に行った……」などと書くのです。一緒に経験したことや自分の言動が、子どもの目にはどう映っていたのか。想像するだけでも、十分意味があります。

Scene4 「弟・妹はズルい!」

「パパママは弟・妹に甘い!」「弟・妹ばかりがパパママを独占してる」と思っている上の子は、けっこういるのかもしれません。逆に、下の子が「お兄ちゃん（お姉ちゃん）ばっかり得してる」とくすぶっていることもあるかもしれません。兄弟姉妹のこうした気持ちも、3ステップを使って親子で考えることができます。尚、ステップ3（139―141ページ）だけは単独で、自信をなくしてしまった一人っ子のお子さんにも使えます。

「どういうときに、そう思うの？」

まず、ステップ1で事実確認です。子どもが何を不満に思っているのか、確認します。たとえば、パパやママは弟に甘い、と思っているお姉ちゃんの場合。「どういうときに、パパやママが弟に甘いって思うの？」などとやさしく問いかけます。

親が、「お姉ちゃんはこれがイヤなのだろう」と思っている内容と、子どもが実際に不満に感じている内容は違うこともあります。また、子どもが誤解している場合もあります。いずれにしても、「これがイヤ」と本人が具体的に言えるようにしてやってください。子どもが誤解している場合は、子どもが話し終わってから、「そう感じてたのか。辛かったね。でもね……」と訂正するといいと思います。

子どもが「これがイヤ」と言うことは、親に面と向かって「パパママのここがイヤ」と言うことになるわけですから、話しやすい環境を作ってやることは、特に大事です。「気持ちの体温計」を使ったり、「何を言ってもママは怒らない。あなたが思っていること、悩んでいることを知りたい。教えてくれる?」と言うなど、工夫してみてください。

「なんでそう思うの?」

子どもが何を不満に思っているかわかったら、ステップ2に進み、「なんで弟(など)はズルいって思うの?」などと理由を尋ねます。理由はステップ1でなんとなく出ていることもありますが、ここであらためて確認します。

これに対する子どもの答えが、たとえば、「弟は、ママを独占してる。私はガマンしたり、1人でやらなくちゃいけないことも多いけど、弟は、『まだ小さいから』っていうだけで、ママと一緒にいることも多いし、ママにやってもらうことも多い」だったとします。ある程度はっきりとした理由が出てくればOKです。理由の掘り下げをする必要はありません。

「自分1人でどれだけのことができるか、考えてみて」

ステップ3では、「損をしている自分」というネガティブな視点から離れて、「こんなにステキな自分」というポジティブな視点で考えるよう、促します。

下の子に手がかかる、あるいは、受験などで忙しい上の子に目がいきやすい、というのは、ある程度はしょうがないことです。「しょうがないこと」は、視点を変えてポジティブな面を見てみると、道が開けることも多いものです。何事も、ネガティブな面しかないなんて、あり得ません。

下の子のことで不満を抱いている子どもには、「あなたはもう、こんなに大きくなった。大きくなったからこそ、ママが手伝わなくてもいいことが増えたの。自分１人でどれだけのことができるか、考えてみて」と言い、上の子はズルい、と思っている下の子には、**「普段、まわりの人にどれだけのことをしてもらっているか、考えてみて」**などと言います。

また、同じような問いかけは、自信をなくしている子ども（一人っ子を含む）にも有効です。**「あなたにはすばらしいところがたくさんある。あなたができること、得意なことを考えてみて」**などと言えます。

上の子を諭すときによく、「お姉ちゃんなんだからガマンしなさい」「お兄ちゃんだから当たり前でしょう」と言う親御さんがいますが、これは言わないほうがいいと思います。大きくなったんだからガマンして当たり前でしょう、というのは正論だと思うのですが、正論をぶつけても、子どもは「なりたくてお兄ちゃん・お姉ちゃんになったんじゃない」と反発心を強めるだけのようです。

私がもしも「お姉ちゃんなんだから……」と言われたら、やはりイヤです。自分のことを、

1人の人間としてではなく、「お姉ちゃん」という役割でしか見てもらえていない気がしますから。

「全部でいくつあった?」

さて、子どもが、「できること」や「人にしてもらっていること」について考えるときは、紙に書きださせることをおすすめします。まだ字が書けない子どもなら、子どもが言ったことを親が書きだしてやります。紙に書きだせば、「自分はこんなにたくさんのことができる」「こんなにたくさんの人に助けられている」ということが目に見えてわかります。

子どもがある程度の年齢になると、たとえば、「着替えができる」などといったことは当たり前過ぎて、「できること」の範疇《はんちゅう》に入ってこないことがあります。うちの娘がそうでした。「できることを書きだしてごらん」と言ったら、「3つしか思いつかない」と悲しそうに言ってきたので、こう言いました。「やだなぁ、毎日あなたが当たり前のようにしていることも、あなたが『できること』でしょう。着替えや支度なんて、昔のあなたはできなかった。小さかったあなたが一生懸命がんばったから、できるようになったんだよ。ねえ、すごいことだと思わない? できて当たり前、と思っていることも、全部、書きだしてみて」

「当たり前のこと」も含めてリストアップさせたら、「全部でいくつあった?」と聞きます。

こんなにできることがある、とよりハッキリと把握させるためです。

ちなみに、うちの娘は「38もある」とビックリしていました。実は、数字の大小はどうでもいいのです。5個でも、50個でも、「そんなに色んなことができるなんて、すごいと思わない？　ママはすごいと思うよ。よくここまで成長してくれたなぁって思うよ」と思いっきり肯定してください。

演技しているわけではありません。生まれてきてくれたこと、こんなに成長してくれたことに、親もあらためて感じ入るチャンスなのです。「人にしてもらっていること」をリストアップした子どもには、「そんなにたくさんの人があなたに色々なことをしてくれるなんて、ステキだと思わない？　なんでみんな、そんなにあなたのためにしてくれるのかな」などと言ってみます。

思いっきり肯定したら、上の子には、たとえば、こう言います。「それだけたくさんのことができるようになったということは、あなたがそれだけ大人になったということ。大人になるというのは、楽しいこと、できることも増えていくけど、その分、ガマンしなくちゃいけないことも増えていくんだと思う。弟をうらやましいと思う気持ちは、ママ、ちゃんとわかったから、ママもこれから気をつける。でも、あなたはあなたで、弟と比べて私は……っていう見方じゃなくて、私は私で、こんなにステキなんだ、ということをもっとわかって欲しいな」

下の子には、「こんなにたくさんの人が、たくさんのことをしてくれる。みんな、あなたのことが好きだからだよ。自分の毎日って、けっこういいなぁ、って思わない？　お兄ちゃんを特別扱いしないように、ママも気をつける」などと言えます。

1人ひとり違うから、すばらしい。だから比較しないで

子どもが複数いると、どうしても比較してしまいますし、我が子をよその子と比べてしまうこともありますよね。皆さんも、「お兄ちゃんはできるのに、弟はできない」「うちの子は、どうしてAちゃんみたいにしっかりしていないのか」などと思ったこと、ありませんか。

でも、子ども、いえ、人間を比較することは、やってはいけないのです。当たり前のことを言うようですが、人間は、1人ひとりが違う顔かたちや性格、才能、考えを持っています。人は誰しも、その人が持つユニークさ故に存在意義があるのです。皆が同じようにしっかりしていたり勉強ができたら、世の中はひどくつまらないところになるでしょうね。

子どもの個性を認めるということは、子どもを比較しない、ということです。親が比較していると、子どもは敏感にそれを察知します。そして、察知すると、自信を失っていきます。「あなたがあなたであることが、すばらしい。苦手なことがたとえたくさんあっても、私はあ

なたという人間をかけがえのない存在だと思っている」ということを、比較しないという態度を通して、子どもに伝えたいですね。

そんな子どもの個性とどう向き合うか。次の章では、そんなお話もしたいと思います。

第5章

悩む子どもに寄り添うための対話術

子どもたちのけんかを「仲良くしなさい」だけで片づけていませんか？

前章に引き続き、この章も、「子どもの悩みについて、親子でどう考えるか」がテーマです。

この章で扱うシーンは、「けんか」「○○ちゃんが嫌い」「お稽古をやめたい、学校に行きたくない」「苦手なことを克服したい」。どのシーンも、子どもが考える力を伸ばして成長できる、大事な場面です。

たとえば、けんかしたとき。

子ども同士のけんかは、本人たちで解決できるように見守るのがベストだと思いますが、こじれてしまったときは、親の出番です。

もちろん、親がけんかの成敗をする、という意味ではありません。

けんかは、自分の気持ちと向き合い、相手の気持ちを必死に考える、またとないチャンスです。そして、自分の意見に責任を持ち、議論の作法を身につけるチャンスでもあります。

これだけのチャンスを子どもが確実にものにできるように、親が問いかけるのです。けんかだけではなく、他のシーンについても、具体的にどんな問いかけが有効か、「きちんと考えるための3ステップ」（74ページ）をベースにお伝えしていきます。

けんかばかりしている我が子を見ていると、「うちの子は気が強過ぎるのでは……」など心配になることもあるかもしれません。

子育ては本当に難しいです。でも、難しいからこそ、正解がないからこそ、自分で考えて自分で答えを出したいですね。そして疲れたときは、ちょっと視点を変えてみることも大事です。

この章では、子育てで悩んだとき、心を軽くできるような「親のための考え方」についてもお話ししたいと思います。

Scene5　子どもたちがけんかをしたとき

兄弟げんかや、遊びに来た友だちとけんかになった場面を想定して考えてみます。

「何が起きたか、説明して」

ステップ1ではまず、「けんかの全体像」を子どもと一緒に見られるようにします。親がけんかの経緯をなんとなく知っている場合も、そうでない場合も、「何が起きたか、説明して」と言って、当事者全員を集めて話を聞きます。

全員を集めて話を聞くと、「皆を公平に扱っているんだよ」というメッセージを伝えることができます。それに、視点がたくさんあったほうが、全体像は把握しやすいですね。皆で一緒に全体像を見れば、自分のけんかの解釈が偏っていることに気づけるかもしれません。

たとえば、AちゃんとBくんがけんかをしたとします。Aちゃんは、「Bくんがぶった」と言い、Bくんは「ぶってない」と言う。

このように言い分が食い違うときは、子どもたちに、「本当にぶったの?」「ぶったって、どんな感じ?」などと質問しながら、子どもたちの話をひたすら聞きます。話を聞いているうちに、だんだん真実が見えてきます。

けんかの後は子どもたちも感情的になっていますから、人の話をさえぎって自分の話をしてくることもあります。そういうときは、「他の人が話しているときは、どうするんだっけ?」

などと言って、「人の話はさえぎらない」というルール（49ページ）を思い出させてください。

子どもの報告を聞くときは、「けんか再現VTRを作れるぐらい、客観的な情報が出揃っているか」を意識します。3章でお伝えしたように、事実と意見を分けたり、5W1Hを使って、明らかになっていない点（たとえば「どんな感じで○○と言ったのか」）を質問するなどして、事態をなるべく客観的に把握できるようにします。

ここで、姉弟のけんかというケースを考えてみます。

姉弟の話を聞いてみると、最初は2人で仲良く遊んでいたけれど、そのうち飽きて、別の遊びをしようという話になったらしい。弟が「縄跳びをしよう」と言ったところ、お姉ちゃんは浮かない顔。しばらくして、「縄跳びよりもトランプがいいんじゃない？」と提案すると、弟が、「トランプなんてイヤだ！　なんでお姉ちゃんはそうやっていつも、ボクの言うことに反対するんだ」と激怒。お姉ちゃんも負けずに「いつもじゃないでしょ！　そういうあなただって、今私が言ったことに思いっきり反対してるじゃない！」……

けんかについて親子で考えるときは、「きちんと考えるための3ステップ」の変形バージョンを使います。本来の順序は、1．理解する→2．とりあえずの意見を作る→3．他の考え方をすることで納得のいく答えを出す、ですが、けんかの場合は、1→3と行きます。

ステップ1で全体像を見たからと言って、ついさっきまでけんかしていたのですから、即「考えるモード」には入れません。「こういうことだったんだね」と事実を確認したら、けんかで凝り固まった見方をほぐしてやる必要があります。そのために、ステップ3を使うのです。色々な角度から問いかけ、「あなたはどう思う？」と言って、子どもの意見とその理由を尋ねます。

凝り固まった見方をほぐしてやるためには、①相手の立場で考える、②そもそもの目的を意識する、の2つが効果的です。

①相手の立場で考える

「立場を逆にしてみよう」「どう？　どんな気持ち？」

先ほどの姉弟げんかを例に、説明しましょう。

まず、何がイヤだったのか、1人ひとりに確認します。たとえば、お姉ちゃんには、「あなたは、『トランプなんてイヤだ』と怒って言われたのがイヤだったの？」、弟には、「縄跳びをやろうと言ったら、お姉ちゃんにまた反対されたのがイヤだったの？」などと聞きます。確認できたら、「じゃあ、立場を逆にしてみよう」と言います。

「逆」と言っただけでは子どもはピンと来ないので、親が具体的に説明するといいですよ。お姉ちゃんには、「あなたが、縄跳びをしようと言ったら、あまり乗り気じゃない顔をされて、トランプをしようって言われた。そういえば、私のアイデアは今までも何度か反対されていて、あなたはそのことが気になっている」などと言い、弟には、「あなたが、縄跳びよりもトランプのほうがいいんじゃない？と言ったら、急に相手が怒り出した」などと言います。そして、2人に、「どう？　どんな気持ち？」と聞きます。

相手の立場に立ってあらためて考えてみると、自分の言動は決して気持ちのいいものではなかった……と気づくことは多いものです。一方で、親に「どんな気持ち？」と聞かれると、子どもはその場をしのぐために、「イヤな気持ち」などと、正解っぽい答えを言ってくることもあります。子どもがきちんと考えられるように、「どんな気持ち？」と尋ねるときは、理由も忘れずに聞いてくださいね。

「どうすればよかったのかな？」

たとえば、お姉ちゃんの立場に立って考えた弟が、「ボクがもしもそうされたら、イヤな気持ちになる。そんなに怒らなくてもいいじゃない、って思うから」などと言ってきたら、「そうかもしれないね」などと受け止めた上で、「じゃあ、どうすればよかったのかな？」と聞きます。

この問いに対する答えは、出なくてもかまいません。ここでのポイントは、対策を立てることではなく、「どうすればよかったか」という観点から、相手の気持ちを一生懸命考えることですから。もちろん、「あんなに怒らなくてもよかった」などと言ってきたら、「そうだね、よく考えたね」と認めます。

②そもそもの目的を意識する

「ところで、何をしたかったの？」

最初は一緒に楽しく遊んでいたのに、ふとしたことでけんかになり、話が全然別のところに行ってしまう。よくあることですが、けんかになる前にさかのぼってみれば、この姉弟がそうだったように、「何の遊びをするか、決める」などの目的があったはずです。そこで、「ところであなたたちは、何をしたかったの？」と尋ねます。

「ところであなたたちは、何をしたかったの？」と尋ねるのは、けんかをして相手のことがイヤになりかけている子どもたちに、お互いの存在の大切さを思い出させるためです。本来の目的を考えることで、カッとなっている頭を冷やすという効果もあります。

「何をしたかったの?」と言われると、我に返ることは多いようです。我が家では同じようなケースが何度もありましたが、私がこう言うと、子どもたちは決まって、「あ……一緒に遊びたかったんだ」などと気づいていました。

「じゃあ、どうしようか」

凝り固まった見方がほぐれてきたら、「じゃあ、どうしようか」と尋ねます。

「次に何をして遊ぶか、ちゃんと決める」などと言ってきたら、子どもたちは話し合いをすることになりますが、けんかの後の話し合いは、基本的には本人たちに任せておいていいと思います。もしも子どもたちがまだぎくしゃくしているようなら、話し合いがスムーズに進むように、「お姉ちゃんは、どう思う?」などと親が問いかけてやることもできます。

話し合いの結果、「じゃあ、学校ごっこをしよう」と決まったとします。そうしたら、「学校ごっこでいいね? 後から、『やっぱり縄跳びがよかった』とか言わないね? 学校ごっこをやって、思い通りにいかなくても、怒らない? **自分たちで決めたことに、ちゃんと覚悟が持てる?**」などと問いかけます。「学校ごっこをしよう」というのは、けんか↓色々考える↓話し合い、という長い道のりを経てようやくたどり着いた、大事な意見です。自分の意見にちゃんと責任が持てるかどうか、多少くどくてもかまいませんから、尋ねます。
こうやって話し合いをすることで、子どもは、「けんかは話し合いを通して解決できる」ということを肌で学んでいきます。そして、「大事な意見には、覚悟を持つべきだ」ということも学べるはずです。

けんかを通して、議論を学ぶ

けんかは、議論の作法を学ぶいい機会でもあります。
議論でやってはいけないことの1つに、「話をすりかえる」があります。先ほどの姉弟のけんかに「話のすりかえ」があったことに、お気づきでしたか。

弟「トランプなんてイヤだ！　なんでお姉ちゃんはそうやっていつも、ボクの言うことに反対するんだ」
姉「いつもじゃないでしょ！　そういうあなただって、今私が言ったことに思いっきり反対してるじゃない！」

次は何をして遊ぼうか、という話をしていて、縄跳び案を否定された弟が、「トランプなんてイヤだ！」と反論。問題はその後です。弟が、「なんでお姉ちゃんはそうやっていつも、ボクの言うことに反対するんだ」と言い、お姉ちゃんは、「そういうあなただって、今私が言ったことに思いっきり反対してるじゃない！」と言っています。話が、「何をして遊ぶか」という本来のテーマから、「お互いの言うことに反対しているかどうか」にすりかわっているのです。話がすりかわると、本来話し合いたかったことが話し合えなくなってしまいますね。

子どもたちが皆さんの目の前でけんかをしていて、話がすりかわっていたら、**「話が変わってない？　今の話、さっきの話とどう関係があるの？　そもそも何を話し合っていたんだっけ？」**と問いかけてみてください。議論力だけでなく、本来の目的を見抜く力もつきますよ。

考える人としてやってはいけないこと

けんかをしていると、「私の言っていることが絶対に正しい」などと言うことがあります。「私の言っていること」はたいてい、自分の一意見に過ぎないのに……おかしいですよね。

もしも子どもが「私の言っていることが絶対に正しい」と言ったら、「あなたの言っていることは、あなたの意見に過ぎないんだよ。正しい意見なんて、ないのよ」などと言って、世の中に正しい意見などないということを、思い出させてください。

「絶対に正しい」というセリフの陰には、「他の人の言うことなんか、聞かなくてもいい」という気持ちが隠れていることもあります。「意見は、他の人と話し合うことで、もっとステキなものになっていくんだよ」と話してやってもいいですね。

また、「相手は、絶対に〜と思っているんだ」などと子どもが言ったら、これも諭してやってください。「あなたには、相手の思っていることが全部わかるの？　見えるの？」とだけ言ってもいいですし、「あなたは、他の誰かにはなれないんだよ。なのにどうして、○○ちゃんは絶対にこう思ってる、なんて言い切ることができるの？」と言って、1人ひとりが違うことの意義について も、伝えることができます。

Scene6 「Aちゃんが嫌い」

「Aちゃんは何をしたの？」「何て言ったの？」

まずはステップ1で、事実確認です。「嫌い」な友だちが、実際何をしたのか、何を言ったのか、どこが嫌いなのか、尋ねます（このプロセスは、「嫌いな先生」にも使えます）。

もしも子どもが、「あの子は、いつも○○」（たとえば、「Aちゃんは、いつも自分勝手」）と極端に一般化して話してくるようなら、「本当にいつもなの？」などと聞く必要があります。

でも、それ以外は、この段階ではあえて「客観的なAちゃん像」を見ようとしなくてもOKです（客観的に見るための作業は、ステップ3でやります）。

「Aちゃんは自分勝手だ」などと自分の一解釈に過ぎないことを言ってきても、「それはあなたの意見だよね？　事実は本当にそうなのかな」などとは言わずに、まずは子どもに「嫌い」という気持ちを吐き出させてやったほうがいいと思います。人を嫌うことを奨励しているわけではありません。悩んでいる子どもの気持ちを受け止めるためです。

生きていれば、誰かを嫌いになってしまうこともあります。子どもには、「誰かを嫌いだと思うなら、しょうがない。問題は、その気持ちとどうつきあうかだよ」ということを、考えることを通して伝えたいと思います。

「なんで嫌いなの？」

次にステップ2です。ここも、「嫌いという気持ちの吐き出し」の続き、と思ってください。「嫌い」というのがとりあえずの意見ですから、それに対して、「なんで嫌いなの？」と尋ねます。嫌いな理由はステップ1ですでにわかっているかもしれませんが、もう一度確認します。吐き出してみたら、「嫌いっていうほどじゃないんだけど……イヤなの」などと言ってくるかもしれません。そうしたら、「なぜイヤなの？」と聞いて、やはり気持ちを受け止めます。

ときには、なぜ嫌いなのか、理由がわからないこともあります。理由はわからないけれどなんかイヤだ、というのはストレスですよね。

子どもが、「理由はわからないけど、なんかイヤだ」などと言ってきたら、理由を言葉にできるように、親が助けてやってください。「嫌いな子（たとえばAちゃん）」のことを親が直接知っているようなら、親が知っている限りの情報と、ステップ1で子どもから聞いたことを頭の中で整理して、親から見た「Aちゃん像」を話してみるのも手です。

たとえば、「Aちゃんは、『私のことを見て』という気持ちが強いのかもしれないなぁ。みんなに注目してもらいたいのかもね」などと言います。親の言ったことがヒントになって、「あ、私が気になっていたのは、そこなのかもしれない」と気づくこともあります。くれぐれも、「Aちゃんは、こういう子なのよ」などと断定しないでくださいね。

「Aちゃんのいいところを見てみよう」

そして、ステップ3です。これまではAちゃんの「悪いところ」ばかり話していたので、今度は「いいところ」に注目します。「あなたがAちゃんのことが嫌いなのはよーくわかった。でも、Aちゃんは悪いところしかないわけじゃないよね？　悪いところしかない人なんて、いない。今度は、Aちゃんのいいところを見てみようか」などと言います。

子どもは、嫌いな人＝絶対的に悪い人、という図式ができあがっていることも多いものです。その図式を、考えることで崩してやります。

「いい人」「悪い人」というのはあくまでも主観的で相対的な見方なのだ、ということを子どもにわかってもらうために、私はよく、勧善懲悪《かんぜんちょうあく》もののアニメの話をします。「正義のヒーローからすると、悪者は悪いヤツだけど、悪者からしたら、正義のヒーローって悪いヤツじゃない？　だって、悪者がやろうとすること、いちいち邪魔しにくるでしょう」などと言います。

「でも、世界をつぶそうとしてるんだから、やっぱり悪者は悪いヤツだよ」などと子どもが反論してくることもあります。すると今度は「世の中には、いいところが1つもない人なんていない」という話もします。たとえば、10人の人を殺した極悪人だって、もしかしたら、爪を切ることだけはメチャクチャ上手かもしれない……など。子どもの見方を揺さぶるためには、これくらい極端な例でもいいと思います。

「嫌いな人」のいいところを見るときは、紙に書きだすといいですよ。「悪い人」だと思っていたけれど、一生懸命考えたら、こんなにいいところがあったんだ、と視覚的にわかるようにするためです。
いいところがなかなか出てこないときは、具体的な「他の見方」を大人が言ってやるといいと思います。以前、「厳しくて、つまらない先生」のことで悩んでいた女の子（当時小学4年）と一緒に、その先生のいいところについて考えたことがありました。その女の子は、「あの先生にいいところなんかない」と頑《かたく》なになっていたので、「先生が厳しいっていうのは、子どもから見ると『悪い』ことかもしれないけど、同じ教師の私からすれば、決して悪いことじゃないと思う。何が厳しいの？　叱り方？　性格？」と話したところ、「教え方、かなあ……。あ、きちんと教えてくれるのは、あの先生のいいところかもしれない」と気づいていました。

嫌いな人のいいところを見るというのは、その人のことをもっと理解しようと努めるということです。「悪い」側面しか見ていない自分の視野を広げてやる、ということでもあります。でも、どんなに理解しようと努めても、結局は好きになれないかもしれません。それでもいいんです。いいところも悪いところも理解して、それでも「嫌い」ならしょうがない。「悪い」ことのスケールが大き過ぎるのかもしれないし、相性が悪いのかもしれません。でも、いいところに気づいたことがきっかけになって、嫌いという気持ちが小さくなることもあるはずです。

決めつけないこと、理解しようと努めることが大事だということを、子どもには学んでほしいですね。

Scene7　お稽古をやめたい、学校に行きたくない

「なんで行きたくないの？」

お稽古をやめたい、学校に行きたくない、と子どもが打ち明けてくるときは、「行きたくない」という気持ちがすでに強くなっていることも多いので、まずは気持ちを受け止めます。そして、「なんで？」と理由を尋ねます。これと言って何も起きていないのに、面倒くさい、飽きた、などの理由から、「行きたくない」と言っていることもありますから。

理由を聞いていると、「実際何が起きたのか」ということは大体わかってきます。このシーンでは、ステップ１と２を一緒に扱う、という感じです。

たとえば、水泳教室をやめたいと言うＢくんに理由を尋ねたところ、こう言ってきたとします。

「ボクのことを笑う子がいる。2人でヒソヒソ、ボクのことを指差して笑うんだ」

これだけではよくわかりませんから、ここでも、事態の全体像を見られるように、5W1Hなどを使って、やさしく子どもに問いかけます。

「行きたくない」というケースに限ったことではありませんが、子どもの告白が本当かどうか、わからないこともありますね。通うのが面倒くさくなっているだけなのに、本当のことを言うと叱られそうだから、話を少し作ってしまう……私も子どもの頃、よくやりました。

子どもがウソを言っているかどうかはさておき、親がまずできることは、子どもの話を徹底して聞いてやることだと思います。たとえ理由の部分がウソだったとしても、「行きたくない」という気持ちは本当なのですから（それに、いずれウソはバレますね）。

一方で、「見たいテレビがあるから」「もっとゲームをする時間がほしいから」お稽古をやめたい、などと子どもが正直に言ってくることもあります。親としては即却下したいところですが、こういうときは前章でご紹介した、「説得してみて」を使ってみてください（118ページ）。

「相手にちゃんと言った？」「先生に話した？」

全体像が見えたら、子どもが自分でやるべきことをすでにやっているかどうか、確認します。たとえば、Bくんの場合なら、Bくんのことを笑う2人に、「やめて」と言ったかどうか。悩んでいるということを、教室の先生に話したかどうか、尋ねます。「相手にちゃんと言った？」「先生に話した？」などと聞きます。

やるべきことを子どもがまだやっていないようなら、「まずは、2人に話していらっしゃい。あなたが話さないと、あなたがイヤだと思っている気持ちは、相手には伝わらないんだよ。もしも話してもわかってくれなかったら、そのときは、他の人に『助けて』って言えばいい。ママとまた相談しよう。でも、まずは、自分でできることからやってみようよ」などと励まします。

そして、ステップ3に進みます。

「今の状態が続いたとして、我慢できる？」

やるべきことをやるのは、ときに勇気が要ります。本当にやるべきなのか、見きわめが難しいいやBくんも、いじめっ子風情《ふぜい》の2人に話をするぐらいなら、我慢したほうがいいことあります。B……と思っているかもしれません。

我慢するべきか、やるべきことをやるか。自分で納得のいく答えを出すためには、自分の気持ちと向き合わなければなりません。子どもには、「やるべきことをやったほうがいいと思う？」ではなく、「今の状態が続いたとして、我慢できる？　できない？」と尋ねます。

「やるべきこと」は、広く受け入れられている「正しい答え」です。やったほうがいいに決まっています。でも、実際にやるのは自分です。どんなに「正しい答え」でもやる気になれないのなら、やらなくてもいい、と私は思います。やらなかったせいで、たとえとんでもない結果が引き起こされても、「自分でやらないと決めたのだからしょうがない」と思えるのなら、やらなくていいと思うのです。

やりたくなかったけど、「正しい答え」だからやったら、うまく行かなかった……となれば、「本当はやりたくなかったのに」と自分以外の何かに責任を押しつけることになりかねません。自分で考えて自分で答えを出して自分で責任を取る、という考える力のポリシーからすると、とんでもないことです。

学校やお稽古に行きたくない、というのは、子どもの人生の一大事です。一大事だからこそ、自分の気持ちと向き合って、覚悟を決めて「自分の答え」を出せるようにしてやってください。そうすれば、自信もつきます。

子どもには、「このままイヤなことが続いても我慢できるようなら、何もしなくてもいい。今のままが続くのがイヤなら、まずはやるべきことをちゃんとやっていらっしゃい」などと話すといいと思います。

子どもが自分で納得のいく答えを出せるように、**「もしも我慢したら、どうなるかな」「相手に話したら、どうなるだろう」**などと未来を予測できるような問いかけをしてもいいですね。

私はよく、小学校中学年以上の子どもには、「あなたが、おじいちゃん（おばあちゃん）になって人生を振り返ったとき、『ああ、小学生のあのとき、ちゃんと話しておけばよかった』と後悔するかどうか、考えてみて」と言います。これも一種の「未来の予測」です。

そして、その上で、**「あなたはどうしたいのか、じっくり考えて。答えは今すぐ出さなくていい。答えが出たら、教えて」**などと言います。

子どもが答えを出してきたら、その答えに覚悟があるかどうか、確認します。我慢するにしても、やるべきことをやるにしても、「決めたからには、がんばってみようか」などと背中を押してやってください。

「行かなくなったら、どうなる？」「○○で楽しいことって？」「なんで○○に行くんだろう」

やることをやってもまだ、「行きたくない」と言っている場合、あるいは、行くか、行かないか、なかなか踏ん切りがつかないときは、「行かなくなったら、どうなる？」「水泳教室（または、学校など）で楽しいことって何があるかな」「なんで水泳教室（学校など）に行くんだろう」の３つの問いかけをしてみてください。

「行かなくなったら、どうなる？」と問いかければ、実際に行かなくなったら何が起きるか、現実的に考えることができます。「水泳教室（学校など）で楽しいことって何があるかな」は、ネガティブな面しか見えていない教室などについて、ポジティブな面を見ることができます。

そして、「なんで水泳教室（学校など）に行くんだろう」は、最終的に行くか行かないかを決めるための、大事な問いです。Xという場所に行くか行かないかを決めるためには、なぜXに行くのか、そもそもXに行く必要があるのか、わかっていなければなりません。

お稽古ごとや学校に「行きたくない」と子どもが言ってきたときは、「親としてはどうしてほしいのか」を考えることも大事です。

これも一種の「我が家のルール」です。お稽古ごとなら、この際やめさせてもいいと思うのか。それとも、がんばって通わせたいと思うのか。根拠もなく「行きなさい」などと言っても、説得力はありません。親としてはどうしたいのか、きちんと考えます。

うちの息子が小学校に上がって間もない頃、「学校に行きたくない」と朝泣いたことがありました。緊張と新しい環境とで、押しつぶされそうになっていたのです。そのとき私は、親としてどうしてもらいたいか、という私の想いと、先ほど挙げた3つの問いかけを口にしていたのだと思います。私の中では、「ここで踏ん張って、新しい環境に慣れてほしい」という想いがありました。そこで、息子とは、こんなやり取りをしました。

私「今日は学校に行かなくていいよ、とできれば言ってやりたい。でも、もしも今日行かなかったら、どうなっちゃうだろう。明日も行きたくないから休んで、次の日もまた、行きたくないから休んで……ってならないかなぁ。ところで、なんでみんな学校に行くのかな」

息子「字が書けるようになるため、勉強するため、友だちをたくさん作るため」

私「うん、そうだよね、そういうことだと思う。じゃあ、学校に行かなくなったら、どうなっちゃうだろう」

息子「勉強ができなくなる、友だちもできない……」

私「学校に行くことで、楽しいこと、何がある？」
息子「……ランドセルは格好いい」
私「１つでも格好いいと思えることがあるって、すごいことだよね！　学校にはもっと、格好いいこと、楽しいことが待っているかもしれない。まだ学校には１日しか行ってないんだよ。今日休むと、学校の楽しいことがわからないままで終わっちゃうかもしれない。それって、もったいなくないかなぁ」

少々強引ではありましたが、この後、息子は「ちょっと考える」と言って、結局学校に行きました。息子なりに自分で考えて、納得ができたのかな、と思っています。

自分で決めることの大切さ

「行くか行かないか」「お稽古をやめるかやめないか」は、最終的に必ず子どもに決めさせてください。後々、うまくいかなくなったときに、まわりの人のせいにさせないためです。自分のことなのに、自分で決めようと思えばできたのに、他の人に決めてもらって、その後その人のせいにするなんて悲し過ぎます。**「決めたことに、責任を持てるね？」**などと念を押します。
そして、自分で考えて自分で責任を持って決断したということを、思いっきりほめてやってください。大人だって、そう簡単にできることではないのです。また、「がんばるあなたは１人じゃない」ということを知ってもらうために、こんな風に言ってやってください。「決めた通りにやって、もしもうまく行かなかったら、ママやまわりの人に助けてって言えばいい。やることをやってから『助けて』と言うのは、弱虫なんかじゃない、立派なことなんだよ。大丈夫、みんな、あなたのことを応援してる」。

Scene8　苦手なことを克服したい

苦手なことを克服したい、自分の短所を直したい……と自分から言ってくる子どもは少数派だと思いますが、学校の先生からの指摘などがきっかけになって、「なんでボクは人の話をちゃんと聞けないんだろう」などと言ってくることはあると思います。また、親が何気なく口にした一言（たとえば、「どうしてあなたは、すぐ物をなくしちゃうのかしら」）に子どもが反応してきたら、これからご紹介するような対話を是非、お子さんとなさってみてください。子どもの個性を、本人も親も、今以上に好きになれると思います。

このシーンでは、３ステップそのものは使いません。３ステップのポイントである、「理解する」「意見を持つ」「他の考え方をする」を応用して、問いかけます。

個性って何？

たとえば、何でも時間通りにきちんとこなす女の子、Dちゃんがいたとします。「何でも時間通りにきちんとこなす」はDちゃんの「長所」です。一方で、Dちゃんはせっかち。これは「短所」です。

長所・短所という枠組みで子どものことを捉えることは多いですね。長所が目につくと「あの子は、いい子だ」となり、短所が現れると「困った子」となる。でも、子どもはもちろん、その都度「いい子」や「困った子」に変身しているわけではありませんね。

長所や短所というのは、ある1つの個性がその場その場でどういう現れ方をするか、ということだと思います。長所と短所は、それぞれが独立した性質として1人の人間の中に居座っているわけじゃない。個性は、ある場面で見ると「長所」に見え、また別の場面では「短所」に見える。そういうことだと思います。

Dちゃんが、宿題や支度を時間内にこなすのも、友だちに対してイライラして「早くしてよ！」と言うのも、場面が違うだけで、どちらも、「何でも早く終わらせたい」という彼女の個性の現れなのです。

「いいところ」のずーっと先には……

私は、「短所」について子どもと一緒に考えるときは、棒のイメージを使って話します。あなたのいいところは○○だね。そして、○○の先のほうをずーっと見ていくと……、そこにはあなたが直したいと思っている△△がある。いいところと直したいところは、つながっているんだよ、と話します。

よく、長所と短所を「表裏」のイメージで捉えることがありますが、「裏」という言葉にはマイナスなイメージがあります。棒のほうが、長所と短所はつながっている、ということがわかりやすくていいと思います。

長所と短所のつながりをイメージしやすくするためには、まずは自分や家族の「長所・短所」について話すといいですよ。

かつて、息子が、「ボクは誰かにやめてもらいたいことを、なんできちんと『やめて』と言えないのか」と悩んでいたとき、こう話しました。

「ママは、どんなに忙しくても、お夕飯は7時ぐらいまでに準備するでしょう。何でも時間通りにきちんとすませるのは、ママのいいところ。でも、ママのこのいいところのずーっと先を見ていくと……、時間通りにすませたいから、ときどきイライラしちゃうっていう『ママの弱いところ』につながってる。お姉ちゃんはどうだろう。何でも集中するのは、お姉ちゃんのいいところ。そのいいところのずーっと先を見ていくと……、その先には、集中し過ぎて他のことを忘れちゃうという『お姉ちゃんの弱いところ』がある」

息子は、うん、たしかにそうだ、と納得している様子。そこで続けました。

「あなたは、とてもやさしいよね。ママには絶対マネできないような、ものすごいやさしさを持っている。それがあなたのいいところ。そのいいところのずーっと先を見てみると……、その先には、やさしいからこそ人に『やめて』って言えないところがあるんじゃないかな」

息子の個性に対する私の解釈は間違っているかもしれません。「やめて」と言えないのは、やさしいからではなく、臆病なだけかもしれません。でも、我が子の個性に対する親の解釈は、それくらいあいまいでいいのではないかと思います。子どもはどんどん成長して、個性も微妙に変わっていきます。それに、いくら我が子でも、1人の人間の個性の実体なんて、そう簡単にわかるものではないと思います。

親として大事なのは、「この子にはこんなよさがあるからこそ、それが場合によっては『悪く』出ることもある。どんな出方をしても、かけがえのない大事な我が子だ」とわかっていること、そして、子どもの個性を理解しようと努めることではないでしょうか。

子どもの個性を理解するためには、日頃から、「弱いところ」だけに焦点をあてず、子どものことをきちんと見ている必要があります。親が描く「理想のいい子像」に左右されないこと、子どもを信じてやることも大事ですね（難しいですが）。

息子が生まれた直後、上の娘が息子にやきもちを焼いて、私は娘の弱いところばかり目についていた時期がありました。「もう、疲れちゃうわ」と父にこぼしたところ、返ってきた言葉が、「自分の子どもをもっと信じてやれ」。ハッとしました。「弱いところ」がなぜ強く出ているのか、弱いところが、娘のどんないいところとつながっているのか、もっと見て、もっと考えて、信じてやるべきだったのです。


いいところと弱いところはつながっている、ということを子どもが納得したら、「いいところと弱いところはつながっているんだから、しょうがない。でも、弱いところをどうしても直したいなら、相談に乗るし、応援するよ」などと言ってやってください。そして、直したいかどうか、自分で考えて決めるよう、促します。

子どもが一生懸命考えて、「よし、直そう」という意見を持ったら、その意見には覚悟を持ってもらいたいですね。「ママは張り切って応援する。でも、ママにできるのは応援することだけ。**実際にがんばるのはあなただよ。できる？**」と励ましつつ、覚悟を持てるかどうか、聞きます。

おじいちゃん、おばあちゃんの目線で子どもを見てみる

子育ては、ヘトヘトになることもあります。子どもの「弱いところ」が目について、イライラすることもあると思います。

そんなときに試していただきたいのが、おじいちゃん、おばあちゃん目線で子どもを見ることです。

おじいちゃん、おばあちゃんはよく、「この子はこんなにいい子。こんな子どもを持って、あなた（親）は幸せよ」「子どもが小さいと手がかかってたいへんだろうけど、今がいちばんいいとき。今を大切にしなさい」などと言ってくれます。孫とある程度距離があるからこそ、経験者だからこそ言える、深みのある言葉です。

「今がいちばんいいとき」なんて思えるもんですか！と言いたくなるときもあります。でも、子育ての大先輩が、「こんなにいい子」「必死に育てているときが、いちばんいいとき」と言っているのです。その知恵を借りて、ときにはそういう視点から子どもを見てみませんか。

言うことを全然聞いてくれなくて疲れたとき、もっと自分の時間が欲しい！と叫びたくなるとき、視点を「おじいちゃん、おばあちゃん」にして、ちょっと引いたところから見てみてください。すると、「子どもとこんなに密に過ごせるのは、今だけかもしれない」と思えるかもしれません。

また、子どもが遊んでいるとき、子どもと一緒に歩いているとき。おじいちゃんおばあちゃん目線で見れば、子どもがまだこんなに小さいこと、こんなに大きくなったこと、こんなに必死に生きていること、自分をこんなに頼りにしてくれること――にあらためて気づけるのではないでしょうか。

第6章

毎日の対話で子どもはこんなに変わる！

テレビとゲームばかりで、うちの子は大丈夫かしら……と心配していませんか?

テレビやゲームに夢中になっている我が子を見ていると心配で……という親御さんは多いかと思います。もうちょっと体や頭を動かしてくれないかしら、と思うお気持ち、痛いほどわかります。

テレビやゲームは、もちろん見過ぎ、やり過ぎはよくありません。でも、時間や内容をきちんと決めて、親が工夫すれば、十分に考える力の糧になります。

たとえば、テレビ番組について親子で対話すれば、論理力や想像力、意見力を磨くことができます。

また、ゲームは、「おじいちゃん・おばあちゃんに、どんなゲームなのか、わかりやすく説明する」というお題を課せば、描写力のトレーニングになります。描写力は、日本の学校ではあまり教えてくれませんが、「伝える力」の大事な一部です。伝えるということは、考える力があるからこそできるものです。

子どもは、自分の好きなことについては延々と話しますよね。よくもまあ飽きないね、とあきれるほどです。ゲームを描写するというお題も、テレビについて対話するという設定も、「ゲーム・テレビについてはいくら話しても飽きない」という子どもの気持ちを、いわば逆手にとるわけです。

今までの章は、子どものトラブルシーンでどう考えるか、がテーマでした。この章は、「楽しく考え、楽しく伝える」がテーマです。楽しく考えて対話することで、色々な種類の考える力を磨いていきます。

取り上げるのは、「将来の夢を語る」「待ち合わせに間に合うよう、時間を逆算する」「テレビや映画を語り尽くす」「大好きなゲームを描写」「大事なことをスパッと報告」「これとこれ、何の仲間？」の、６つの場面です。

では、それぞれの場面でどう問いかければいいか、お話ししますね。

将来の夢を語ろう

子どもの将来の夢は、聞いているだけで楽しいものです。でも、せっかくですから、夢について語りながら、考えることも楽しんでみましょう。

「大きくなったら、何になりたい？」

将来の夢について問いかけるときは、ほとんどの場合、「きちんと考えるための3ステップ」（74ページ）のステップ1は省略して、ステップ2（理由付きの意見を持つ）からスタートします。「大きくなったら、何になりたい？」とまず聞きます。

ステップ1（理解する）が必要になってくるのは、子どもが職業の内容を今ひとつわかっていなさそうな場合です。たとえば、「パティシエになるの！」と言ってはいるものの、パティシエがどんな仕事かわかっていなさそうなら、「すごい言葉を知ってるね！ **パティシエって、何をする仕事なの？ 教えて**」などと受け止めつつ、きちんと理解できているかどうか確認します。

子どもの語る夢は、親にしてみれば絵空事に過ぎないものもあるかもしれません。たとえば、「宇宙エレベーターを作って、宇宙人とサッカーする」という夢。宇宙エレベーターなんて夢のまた夢でしょ、それに、できたとしても、宇宙人とサッカーなんてあり得ないし、大体うちの子の成績じゃ無理……と思うかもしれませんが、夢について話すときは、固定観念を取り払って、子どもの「絵空事」にどっぷりと浸ることも大事です。夢は、まずは自由に描くことに意味があると思いますから。

「なんで、○○になりたいの？」

そして、なぜ将来そういうことをしたいのか、理由を尋ねます。理由は、「よくわかんない」といったのらりくらりしたものでなければ、何でもOKです。「なんかいいな、と思って」などの漠然とした理由なら、**「『なんかいい』ってどんな感じ？」**と聞いて、より具体的な言葉にしてやります。

仮に、「社長になる。社長になったら、お金持ちになれるから」と子どもが言ったとします。もっと壮大なことを考えてくれよ……と言いたくもなりますが、理由はどんなものでも受け止めてください。お金持ちになりたい、頼もしくてけっこうじゃありませんか（社会的・倫理的にNGな理由は、受け止めた上で「本当にそう思ってるの？」などと確認します）。

出てきた理由に対しては「なんで？」と聞いて、どんどん掘り下げます。「お金持ちになれるから」という理由なら、「なんでお金持ちになりたいの？」と尋ねます。「お金持ちになって、ママに楽させてあげたい」なんて答えが飛び出すこともありますよ。

「理由の掘り下げ」（92ページ〜）のところで書いたように、理由は「信念」または「事実」レベルに行き着くまで掘り下げるのが理想ですが、「ママに楽させてあげたい」程度の具体的なイメージがわくものが出てくれば、やめにしてもＯＫです。また、「理由はそれだけ？」と尋ねるのも効果的です。

１つの理由をどんどん掘り下げるにしても、理由をたくさん挙げるにしても、ここでのポイントは、「きちんと考える」というよりも、「夢について思う存分語る」ことにあります。ワクワクする夢について思う存分語れば、ますますワクワクできますよね。

ひとしきり語ったら、ステップ３（他の考え方をしてみる）に進みます。

「もしも夢がかなったら、どうなる？」

まず、「もしもその夢がかなったら、どうなる？」と聞きます。「嬉しい」などの漠然とした答えでもＯＫです。続けて、「そうだよね、嬉しいよね。じゃあ、夢がかなって、嬉しくなったら、**まわりの人たちはどうなる？**」と聞き、さらには、**「そうなったら、世界はどうなる？」**と尋ねます。「未来の予測」の範囲をどんどん広げていくのです。

以前、私のクラスで、自分の夢について子どもたちに考えてもらったときのことです。子どもたちの夢は、「獣医」「学校の先生」「日本のお祭りを守ること」「歌手」「サッカー選手」と様々。そこで、１人ひとりに、「もしもその夢がかなったら、どうなる？」と尋ねました。すると、「病気の犬や猫が減って、動物も飼い主もハッピーになる」「みんながお祭りを楽しんでくれる」「日本のサッカーが強くなる」と、これまた様々な答えが返ってきました。続けて、「じゃあ、もしもそうなったら、あなたたちの友だちや家族、まわりの人たちはどうなる？」と聞くと、「みんなが笑顔になる」「みんなが元気になる」などの答え。答えにはまだバリエーションがありました。そこで、最後に、「じゃあ、まわりの人たちがそうなったら、世界はどうなる？」と聞きました。すると、皆、口を揃えて「平和になる」。子どもたちは皆、大笑いしていました。とても勇気づけられたことを覚えています。

夢がもしも現実になったら、自分は、まわりは、世界はどうなるか。これを考えることが、夢について語ることの、究極の意義だと思っています。自分の夢が世の中に貢献できること、自分は世界の一員であること。そう思えるだけで、パワーがみなぎってきます。夢にくじけそうになったときに、子どもたちを奮い立たせてくれるはずです。

待ち合わせに間に合うよう、時間を逆算しよう

登校時間、就寝時間、集合時間、待ち合わせ。子どもの日常は、「×時までに○○すること」という約束事がけっこうありますね。子どもがまだ小さいうちは、「ほら、支度しないと

遅れるよ」と親がその都度言うしかないかもしれませんが、子どもが小学校にあがったら、「どうすれば約束の時間に間に合うか」という計算を、是非親子でしてみてください。計算力はもちろん、現実的に物事を見る力、目標からさかのぼって考える力もつきますよ。

「出かけるまでに、何をしておかなくちゃいけないかな？」

「10時に最寄りの駅でAちゃんと待ち合わせ」というケースで考えてみます。

まず、ステップ1で事実確認です。出かける前の準備として、何をしておかなければいけないか、チェックします。

「出かけるまでに、何をしておかなくちゃいけないかな？」と尋ねます。やるべきことを確実にこなせるように、「やることリスト」を書かせるといいですよ。自立心も育ちます。リストには、「着替え」「持っていくものを揃える」などの他にも、出かける前にやっておいたほうがいい「宿題」「明日の支度」などがあるようなら、それも入れておきます。リストは、当日作ってもかまいませんし、前日に作っておいてもOKです。それぞれの項目はやり終えたら、その上から線を引くなどして、「やった」という印をつけます（印をつけると、達成感を抱けるようです）。

「それぞれ、何分かかる？」

次に、リストの項目１つひとつにつき、何分かかるか、考えます。

ここで大事なのは、現実的に時間を見積もることです。子どもは、５分かかるものを「１分」と見積もったり、１分で終わることを「10分かかる」などと言うこともめずらしくありません。本当は１分で着替えが終わるのに、子どもが「５分」と見積もっているようなら、「あなたの着替えは、そんなにかからないんじゃないかなぁ」などと言います。

また、１分や５分といった時間がどれくらいの長さなのか、子どもが感覚的にわかっていないこともあります。そういうときは、子どもが身近に感じている「時間」と比較してみます。たとえば、「いつもあなたが見ているテレビのお話は、15分。５分が３つ集まって15分だよ。つまり、お話を３つのかたまりに分けて、最初の１つ分が５分」「あなたの歯磨きは１分だよ」など。

「全部で何分？」「家から駅まで何分かかる？」

見積もりが終わったら、それぞれの所要時間を全部足して、準備に計何分かかるか、計算します。子どもがまだ計算できないようなら、親が代わりにやります。また、算数が苦手な子どもの場合は、計算を紙に書きださせます。計算し終わったら、親が検算して、「やった！　合ってる！」などと認めてやってくださいね。

次に、「家から駅まで何分かかる？」と尋ねます。子どもが答えを知らない場合は、「歩いて8分ぐらいだよ」などと親が教えます。

そして、ステップ2に進みます。

「何時に家を出ればいい？」「何時から支度を始めればいい？」

まず、何時に家を出ればいいか、聞きます。まだ時間の計算ができない子どもの場合は、アナログ式の時計を使って（ない場合は絵に描くこともできます）、「針がここに来ると10時。目盛り1つで、1分。家から駅まで歩いて、8分かかる。目盛り8コ分だね。10時に駅に着くためには、針がどこにあるときに家を出ればいいのかな」などと尋ねます。

何時に家を出ればいいか、とりあえずの答えが出たら、「じゃあ、何時から支度を始めればいい？」と尋ねます。〈家を出る時刻－（先ほど計算した）準備にかかる合計所要時間〉という引き算ですね。

さて、ここまで読んで、「予定通りに万事スムーズに行くとは限らないし、もう少し、時間に余裕をもたせたほうがいいのでは」と思った方、その通りです。でも、このような「大人の知恵」はまだ口に出さないでください。この後のステップ3で、子どもが自分で考えて、自分で気づくことが大事です。

「本当にこの通りにやったら、どうなる？」

ステップ2で計算した結果、「10時に駅に着くためには、家を9時52分に出る」「9時52分に家を出るには、9時45分に支度を始めればいい」ということになっていたとします。家から駅までの所要時間は8分。支度に要する時間は7分で、内訳は、着替え3分、持っていくものをセットするための時間3分、トイレ1分です。そこで、こう尋ねます。「本当にこの通りにやったら、どうなる？」

こう聞くと、ほとんどの子どもが「時間に間に合う」などと答えてくると思います。そこで、このように話してみてください。「9時45分から支度を始めたら、ピンポーン、と鳴って、宅配便が来た。あ、おばあちゃんから荷物だ。なんだろう……と気になって見ていたら、あっという間に1分経っちゃった」「9時52分に家を出て歩いていたら、友だちにばったり。おしゃべりしてたら……3分過ぎちゃった」など。お子さんの日常でいかにも起きそうなハプニングを引き合いに出して、「もしもそうなったら、時間に間に合う？」と聞きます。ハプニングはいつ起きるかわからないこと、ステップ2で出した「答え」には、このハプニングが勘定に入っていないことを、意識させるためです（すでにステップ2で、子どもがハプニングを想定して計算しているようなら、ステップ3は不要です）。

さっきの計算は現実的じゃなかったんだ、ということに子どもが気づいたら、**「もしも何か起きても、時間に遅れないようにするためには、どうすればいいかな」**と尋ねます。「やるべきこと」1つひとつの所要時間に1分ずつ余裕を持たせるのでも、全体にざっくりと10分の余裕を持たせるのでも、やり方は何でもかまいません。余裕を見込んだ上でもう一度、「支度を始める時刻」「家を出る時刻」を決めさせます。

ところで、決めた時刻通りに子どもがきちんと動くことはまずないかもしれません。でも、考える力に限って言えば、私はそれでもいいと思っています。現実的な目で考えたこと、計算したことがすばらしいのですから。決めた時刻になっても子どもが動き出さないときは、「9時半だよ。支度を始めないと。せっかく計算したんだから、その通りやってみようよ」などと親が背中を押してやってください。

テレビ・映画を語り尽くす

テレビ・映画について考えるときは、3ステップの大事なポイント、「理解する」「意見を持つ」「他の考え方もしてみる」を縦横無尽《じゅうおうむじん》に使います。ご紹介するのは、「いちばん印象に残ったところを言ってみよう」「お気に入りの登場人物のことをもっと知ろう」「結果を引き起こした犯人を探せ」「お話の続きを予測してみよう」の4つの対話パターンです。それぞれのパターンで伸ばせる力の種類も違います。全部使ってもいいですし、それぞれ単独で使ってもOKです。

ところで、テレビ・映画は、できる限り、親子で一緒に見たほうがいいと思います。そんな時間なんてない！という嘆きのお声が聞こえてきそうですが、一緒に見れば、「このテレビ・映画は子どもに見せてもOKか」という判断もできますし、「子ども目線」も磨けます。私はテレビはあまり好きではありませんが、子どもと一緒に見るテレビは別です。一緒に笑って対話して考えることのできる、子育てのかけがえのない1コマだと思っています。

意見力を磨く！　いちばん印象に残ったところを言ってみよう

「いちばんおもしろかったところは？」

アニメ、ドキュメンタリー、クイズ番組、長編映画。どんなテレビ・映画にも対応できるパワフルな問いが、「いちばんおもしろかったところは？　1つだけ選んで」です。感動がまだ冷めやらないうちに、見終わった直後に聞きます（この問いかけは、イベントに参加したときや、旅行から帰ってきたときなど、子どもが経験したこと全てに使えます）。

「いちばん印象に残ったところを1つ選び、その理由を述べる」というのは、欧米の小学校などで教える、代表的な「感想文の書き方」ですが、この「書き方」は実によくできているなあ、と思います。とかく「あー、おもしろかった」ですませがちなものに対して、「自分はここがいちばんおもしろいと思った、なぜなら……」と、しっかりとした意見を持つ訓練ができるのです。「ここがおもしろかった」と自覚することで、感動した気持ちが、自分の中で具体的な経験として根づきやすくもなります。

さて、「いちばんおもしろかったところは？」と聞く代わりに**「いちばん感動した・すごいと思った・好きだったところは？」**なども使えますが、「いちばんよかったところは？」という言葉遣いはしないほうがいいと思います。「よかった・よい」という言葉から「正解」を連想し、「他の人が決めた正解を言わなければ」とプレッシャーに感じる子どももいるのです。

そして、1つだけ選ばせる、というのがミソです。「複数回答可」となると、おもしろかったところを羅列して終わり、となりかねませんが、1つだけ選ぶとなると、必死に考えなければなりません。最後の感動場面にしようか、あのギャグの場面にしようか。一生懸命考えて取捨選択することになります。

「どうしてそこがいちばんおもしろいと思ったの？」

子どもが答えを1つにしぼったら、「どうしてそこがいちばんおもしろい（など）と思ったの？」と尋ねます。「いちばんおもしろかったところは○○」という発言を、きちんとした意見にするためです。最初はAという場面がいちばんだと思っていたけれど、理由についてあらためて考えてみたら、Bのほうがおもしろく思えてきた、ということもあります。

さて、子どもが「いちばんおもしろかったところ」を選び、理由を言ってきたら、親も「ママは、ここがいちばんおもしろかった」などと、理由付きの意見を言ってみてください。子ども→親、という順序のほうが、子どもが親の意見に影響されずにすむのでいいと思います。ただし、子どもがなかなか選べなかったり、言いづらそうにしているときは、親のほうから「ママはあのシーンがおもしろかったな。だって……」と言い、続けて、「○○ちゃんは、どこがおもしろかった？」と引き出します。子どもの意見を聞いた後は、「そういう見方もあるか、おもしろいね」などと受け止めてくださいね。

我が家では、映画を一緒に見に行った後は必ず、「どこがいちばんおもしろかったか」を伝え合います。15分間のテレビ番組でも、感動が大きければ、大いに語り合います。娘はAという場面を選び、息子はB、私はC……という風に、答えが一緒になることはまずありません。大人が思いもつかないような箇所を子どもが選んでくることも多く、話していると楽しいですよ。

映画などをめぐって語り合うことが習慣になると、子どもの感じ方の傾向や成長のあとがわかって、これもまた楽しいものです。「主人公がやさしさを見せるシーンが好きかぁ。あなたはこの間見た映画でも、同じような場面が好きだと言ってたね」、「昔はああいう場面は怖がって泣いていたけど、感動するようになったんだね」などと、子どもに伝えるのもいいですね。子どもに余力がありそうなら、「やさしさを見せるシーンが、なんで好きなんだろうね」「なんでもう泣かなくなったんだろうね」などと言ってみてください。子どもが自分の感じ方について、成長について考える、いい機会になると思います。

理解力・論理力を磨く！　お気に入りの登場人物のことをもっと知ろう

では、続けて、テレビや映画をめぐる対話のパターンを3つ、ご紹介します。いずれも、アニメなどの、ストーリー性のあるテレビ番組・映画について語るときに使います。

あの登場人物はなんであんなことをするんだろう、と考えることで、登場人物を楽しく分析します。お子さんのお気に入りの登場人物（妖怪などの謎の生命体も含む）を選んでくださいね。そうしないと、会話が盛り上がらないかもしれませんから。

この対話パターンは、5つの問いかけから成り立っています。登場人物Aについて話すのなら、ア「Aはどんな人？　どんな性格？」→イ「どんなことがあったの？」→ウ「Aの全体像はこれで合ってる？」→エ「Aが出てくるシーンでいちばん好きなのは、どこ？」→オ「なんでAはそんなことをしたんだろう」という流れになります。

（子どもと一緒にテレビ・映画を見ていて、親が内容を把握している場合は、ア・イの問いかけは不要です。ウ・エ・オのみ、問いかけます。）

ア「Aはどんな人？　どんな性格？」

まず、子どものお気に入りの登場人物について、「どんな人なの？」「どんな性格？」などと尋ねます。「やさしいよ」などのあっさりとしたものでも、「足がめちゃくちゃ速いんだ、この間なんか、上級生皆にリレーで勝っちゃったんだよ、それでね……」といった長いものでも、なんでもOKです。

イ「どんなことがあったの？」

「どんなことがあったの？」と言って、その登場人物がお話の中でどんなことをしたのか、大まかな流れを確認します。お気に入りの登場人物ですから、子どもは色々なことを知っているはずです。思う存分語らせてやってください。

アとイで出てきた情報をまとめれば、その登場人物の「全体像」が大体わかることになります。

ウ「Aの全体像はこれで合ってる？」

ここで一度、親がアとイの内容をまとめて、その「全体像」で合っているかどうか、確認します（紙に書く必要はありません）。たとえば、Aという登場人物なら、「Aは少し乱暴で、食いしん坊。やさしくて、友だちのことが大好きなのに、自分の気持ちを正直に言えない……これで合ってる？」などと聞きます。

ここまでくれば、登場人物の「輪郭」はかなりはっきりしているはずです。登場人物の分析の準備は整いました。次に、いちばんのお気に入りのシーンをめぐって、登場人物を分析します。

エ「Aが出てくるシーンでいちばん好きなのは、どこ？」

「Aが出てくるシーンでいちばん好きなのは、どこ？」と聞きます。

たとえば、「Ａの友だちが外国に引越しすることになって、Ａはすごくさみしいのに、『さみしくなんかない』と言うところ。Ａは友だちの見送りに行かないんだけど、自分の部屋で、さみしくて大泣きするんだよ」という箇所を子どもが選んだとします。

オ「なんでＡはそんなことをしたんだろう」

エで子どもが選んだシーンについて、「なんでＡはそんなことをしたんだろう」と聞きます。この問いに答えるときは、テレビや映画の内容から「証拠」を必ず探させるよう、注意します。たとえば、「なんでＡは、本当はさみしいのに、友だちの見送りに行かなかったんだろう」という問いの場合、「Ａは、自分の気持ちを正直に言えないからだよ」という答えはＯＫです。この答えは、ウで確認した全体像を証拠としていますね。

一方、証拠もないのに、自分の経験や勝手な想像をもとにした答えはＮＧです。たとえば、「見送りに行くのが面倒くさかったんだよ」「友だちのこと、そこまで好きじゃないんだよ」など（全体像によると、「Ａは友だちのことが大好き」なので、この主張には証拠がありません）。子どもには、「Ａってそんな子だっけ？　さっき聞いた話と違う気がするなぁ。なんでＡがそういうことをしたのか、お話の中に証拠があるんじゃないかな。その証拠って何だろう」などと言ってみてください。

実は、ここでやっていることは、国語の読解問題でやっていることとほぼ同じです。違うのは、題材が「テレビ・映画」になっているという点と、一般的な読解問題よりも、登場人物をさらに深く理解しようとしている点です。深く理解する力と、「Xという証拠があるからYと言える」という、因果関係を見る力、つまり論理力を、大好きなテレビや映画から身につけることができるのです。

小説などを読めば、自分は決して生きることのできない人生、持つことのできない視点をヴァーチャルに経験することができます。テレビ・映画を見ることも同じです。登場人物を分析すれば、「こういう人もいるんだ」「こんな感じ方もあるんだ」ということがわかり、自分とは違う感じ方・生き方をする「他者」を理解する素地を作ることができます。

我が家では登場人物分析をよくやりますが、子どもたちは、お気に入りの人物について思いっきり語れることが、とにかく嬉しいようです。さらに、娘曰く、「自分の考えが広がる」というオマケもついてくるのだとか。

論理力を身につける！　結果を引き起こした犯人を探せ

このパターンは、親子で一緒にテレビ・映画などを見たときにのみ、使います。

たとえば、こんなお話を見たとします。

ケンとタクは、同じクラスの大の仲良し。ある日、ケンたちのクラスに転校生の男の子がやってきた。ケンは、頭がよくてサッカーが得意な転校生とすぐ仲良くなり、タクとは前ほど一緒に遊ばなくなった。勉強もスポーツも苦手なタクは、転校生に劣等感を抱く。そんな折り、タクは先生から、「もっと勉強をがんばらないとダメだぞ」と叱られる。そうとは知らないケンは、次の日タクに向かって、「お前、勉強できないもんな」ともらす。頭にきたタクは、ケンに殴りかかる……。

けんかの直接の引き金になったのはケンの一言ですが、けんかを引き起こした背景には、転校生のこと、タクの劣等感など、色々ありますね。

このけんかのように、世の中の出来事には、大小様々な原因が絡み合っています。ところが、私たちは（大人も子どもも）、直前に起きたことだけを「唯一の原因」と見なしがちです。また、アニメなどの映像は、本よりもお話が「流れていく」感が強く、A→B→C→Dという流れで話が展開した場合、本来はABC全てがDという出来事を引き起こしていても、「Dの原因は直前のCだけ」という印象を与えやすいと思います。

「なんで大げんかになったのかな？」「理由はそれだけかな」

アニメなどを見終わったら、「ケンとタクは、なんで大げんかになったのかなあ」などと聞いてみます。「ケンが、タクのことを悪く言ったからだよ」のような答えが返ってきたら、「理由はそれだけかなぁ。もっとあるんじゃないかな」などと言って、原因をなるべくたくさん見つけられるよう、促します。

この問いかけを通して、子どもは4つの力を手に入れることができます。1つは、論理力。結果を引き起こした原因を徹底的に探すことで、因果関係を見抜く力を磨くことができます。2つ目は、ブレスト力。「この結果を引き起こした原因は、他に何があるか」と考えれば、色々な考え方をする力、つまりブレスト力が身につきます。3つ目は、お話を深く理解する力。表面的な理解で終わらせずに、じっくりとお話と向き合う力です。

そして、4つ目は、生きる力。「物事を引き起こしている原因は1つじゃない」ということが経験的にわかっていれば、問題を解決する姿勢もしなやかになります。これからたくさんの問題に直面する子どもたちにとって、原因をしっかりと探せることは、生きていく上で大きな力になるはずです。

論理力と想像力を育てる！　お話の続きを予測してみよう

欧米の国語の教科書にはときどき、「オチ」の部分をわざと抜かしたお話が載っていて、「これまで読んだお話をもとに、続きを考えてみましょう」という問題が付されています。

この問題を解くためには、色々な力が要求されます。それまでのお話をきちんと理解する力、「登場人物の性格と身分は○○、これまでの流れは△△、時代は××、場所は□□。だから、先はこうなるに違いない」と論理的に考える力、そして想像力。子どもたちの大好きなお話作りという体裁《ていさい》を取りながら、理解力・論理力・想像力をトレーニングできる仕組みになっているわけです。

同じようなトレーニングは、家庭でもできます。しかも、子どもが好きなテレビ・映画を題材にします。

「続き」を想像できるものであれば、題材は何でもOKです。連続もののアニメ番組、途中までしか見ていないDVD、形の上では完結しているけれど、「この後、どうなったのかな」などと思わず続きを考えたくなる映画など。親子で一緒に見たら、この対話パターンを試してみてください。

「この後、どうなると思う？」「なんで？」

まずは、「この後、どうなると思う？」と子どもに聞きます。「結局ケンとタクは仲直りするんだよ」などの答えが返ってきたら、「なんで？」と理由を尋ねます。

子どもが、それまでのお話をもとに理由を言えるようなら（例「だってケンとタクは、お互いのことが大好きだもん」）ＯＫ。一方で、それまでのお話に根ざしていない理由（例「魔法使いがやってきて、仲直りさせてくれる」）や、「あの２人が仲直りしないと、話が続かなくなっちゃう」などの理由はＮＧとします（個人的にはこういう現実的な答えも好きなのですが）。ＮＧの答えに対しては、「えーっ⁉　それ、アリ？」とおどけてみせたり、「あの主人公、もっとやさしいんじゃないかな」などとヒントを出します。

子どもは、大人にはとうてい思いつかないような「続き」を言ってくることもあります。でも、それまでの流れと設定をきちんと踏まえた上の「続き」であれば、どんなものでも受け止めてください。残酷な内容だったとしても、とりあえずは受け止めて、「そうか……ところで、本当にそんなお話がいいの？」などと尋ねます。

論理的に考えさせたいばかりに、「今までのお話をおさらいしてみよう」「主人公はどんな性格か、もう一度考えてみて」などと言うのは、おすすめできません。勉強の匂いがして、子どもが嫌がる可能性大です。親は、「なんの脈絡もなく勝手に想像するのはＮＧ」と意識さえしていればＯＫです。

お話を書くのが好きな子どもなら、実際にお話を書かせてもいいですね。30分もあれば、びっくりするほどの長編を書いてくると思います。かつて私の「考えるクラス」で、ある映画を最初の5分だけ見て、続きを論理的に想像して書く、ということをしたことがありました。できあがったお話は、1人は推理小説風、1人はSF調、1人は成長物語……と実にバラエティに富んではいましたが、皆、最初の5分間の映像から得た情報を確実に活かしていました。できあがったお話は、子どもに音読させ、終わったら感想を伝えてやってください。子どもががんばって書いたお話を「作品」として認めることもできますし、親も楽しませてもらえますよ。

では、ここから先は今までとは少し趣向の違う「考える力トレーニング」の方法をご紹介します。3ステップは使いません。

大好きなゲームで描写力トレーニング

おじいちゃん、おばあちゃんに説明するイメージで

「ゲームのことを何も知らないおじいちゃん、おばあちゃんに、どんなゲームなのか、わかりやすく説明する」

これが今のところ、ゲームを考える力に活かすためのいちばんのお題かなぁと思っています。「おじいちゃん、おばあちゃん」である必要はありません。ゲームに詳しくない人であれば、「ママ」でもOKです。実物を見せずに、お気に入りのゲームをどこまでわかりやすく描写できるか――と考えることで、描写力を磨きます（ゲームの代わりに、子どもの好きな「遊び」を描写することもできます）。

描写力は、「わかりやすい説明をする力」の大事な一部です。そして、プレゼンの必須スキルでもあります。今や写真や映像が手軽に使える時代ですが、世界のプレゼンの名手は、ここぞというところでは写真や映像に頼らずに、言葉で物事を描写します。言葉で描写したほうが、聴衆を取り込めるからです。しかし、残念ながら、描写力は一朝一夕には手に入りません。子どもの頃から楽しく、当たり前のようにできるようにしておきたいですね。

描写は、言葉だけで「何か」を相手にまざまざとイメージさせる、ということです。最終的な目標は、相手に「わかったぞ、大体イメージできたぞ」と思わせること。相手の立場に立って考えることが不可欠です。でも、「相手の立場に立って考えて」と言っても子どもはピンと来ないので、おじいちゃんやママに描写してみて、と言って、具体的な相手を想定させます。

相手に「わかったぞ」と思わせるためには、相手にとってわかりやすい言葉と順序で伝える必要があります。言葉について言えば、たとえば、「ステージで失敗すると命が減っちゃう」

などの表現はNG。ゲームに慣れ親しんでいる子どもが相手なら、「ステージ」（ゲーム内の場面）や「命」（ゲームを遊べる状況にあること）と言っても通じますが、おじいちゃん、おばあちゃんにはなんのことだかわかりません。

描写する順序は、〈重要度が高い情報→重要度が低い情報〉とします。そのほうが相手がイメージしやすいからです。「いちばん重要度が高い情報」として最初に持ってくるのは「定義」です。たとえば、「スマートフォン」を描写するなら、「インターネット接続などの機能がついた携帯電話」と言うところから始めます。続けて、2番目に重要な情報、3番目に重要な情報……という具合に、重要度がどんどん低くなる順に伝えていきます。

相手の立場に立って考え、情報を重要度順に並べることができないと、描写はできません。ゲームを描写するというお題はまさに、考える力のトレーニングになるのです（描写のより詳しいコツは、拙著『世界のエリートが学んできた　自分の考えを「伝える力」の授業』をお読みください）。

「どんなゲームか一言で説明して」

子どもがまだ小さいうちは、「どんなゲームなの？　一言で説明して」というお題も効果的です。一言で説明することで、情報をまとめる力と、定義する力が身につきます。

息子にかつて、大好きなゲームを一言で説明して、と言ったら、「今、大人気のゲーム！」と意気揚々と答えていました。かなり大雑把ではありますが、これも定義ではありますね。

以下にご紹介するのは、うちの子どもたちによる、「ツムツム」というゲームの描写です。ゲームのことをまるで知らないおばあちゃんを、相手として想定しています。

---

①　ツムツムとは、丸い顔の人形を3コ以上つなげて消すゲーム
②　人形になっているのは、ディズニーのキャラクター。人形は全部で60種類ぐらいある
③　このゲームの最終的な目的は、できるだけたくさんのポイントをかせぐこと
④　遊び方は……色々な種類の人形がランダムに、バケツの水をひっくり返したような感じで、合計50コぐらい一気に落ちてくる→その中から、隣り合わせになっている同じ種類の人形を3コ以上指でなぞる→なぞると人形が消えて、ポイントが入る
⑤　人形1つひとつのことを「ツム」と呼ぶ

---

①定義→②定義の肉づけ→③目的→④遊び方→⑤補足情報（「ところで、なんでツムツムっていう名前なの？」とおばあちゃんが聞いてくると見込んで、この情報を入れたようです）とい

う順序になっています。ゲームの描写は、このような順序になればＯＫです。でも、くれぐれも、「まずは、定義から始めて、次に……」などと言って、「順序」という答えを渡さないでくださいね。子どもが相手の顔を思い浮かべながら、「こう言えばおばあちゃんはきっとわかってくれるだろう」と答えを出すことが大事です。

もちろん、子どもだけでいきなりテキパキと描写できませんから、必要な限り親が問いかけます。問いかけ方は2つ。1つは、先ほどの①-⑤の順序と、子どもが実際にしてきた描写を照らし合わせて、もしも違うところがあれば、「あれ？　遊び方は説明しなくてもいいの？」などと指摘するやり方。

もう1つは、子どもの描写をもとに、親が「ゲームの図」を描いてみる、というやり方です。頭の中で想像してもいいですし、子どもの描写を聞きながら、紙に描いてもいいですね。実際に絵を描いて子どもに見せれば、自分の描写が適切かどうか、子どもも判断しやすくなりますし、楽しめますよ。

先ほどの「ツムツム」の描写は、うちの子どもたちが2人でああでもない、こうでもない、と30分ほど言い合ってやっとたどり着いたものです。最初は、「顔を消すゲーム」などと定義していたので、「いきなり『顔を消すゲーム』って言われてもおばあちゃん、わからないよ。のっぺらぼうになるゲームなの？って思っちゃうよ」と私がツッコミを入れています。

子どもに余力がありそうなら、**「『そのゲーム、やってみたい』とおばあちゃん（など）に思わせるには、何を伝えればいいかな」**と聞いてみてください。そのゲームのどこがいちばんの魅力だと思うのか、そして、それはなぜか、考えます。要領は、「いちばん印象に残ったところを言ってみよう」（189ページ〜）と同じです。

いちばん大事な情報を見抜く！大事なことをスパッと報告

「今度ね、家庭科の授業で小物入れを作るの。今日、そのためのデザインを考えたんだけど、お花にしようかネコにしようかすっごく悩んで、ネコにしたんだ。フェルトに刺繍《ししゅう》するんだけどね、あ、フェルトは黄色だから、糸は緑がいいかなと思ってるんだけど……。それでフェルトがいるの。来週までにフェルトを持ってきてくださいって」

こういう子どもの話し方、聞き覚えありませんか。おしゃべりなのかと思って軽く聞き流していると、最後にドカーンと「来週までにフェルトを持ってくるように」という、大事な連絡事項がやってくる。さらに言うと、フェルトはどれだけの大きさのものが必要なのか、わかりませんね。

その日あったことを色々おしゃべりしてくれるのは楽しいのですが、大事な情報は大事な情報、おしゃべりはおしゃべり、という風に分けてくれないと、親としては、ときに困ってしまいます。

大事な情報、つまり「結論」を最後まで言わない（あるいは、一切言わない）のは、日本語の特徴の1つです。おしゃべりを楽しむだけなら、結論をどこに持ってこようとその人の勝手ですが、大事なことを連絡・報告する場合はそうは行きません。「結論」を相手に確実に持ち帰ってもらうために、結論は最初に言わなければなりません。相手はいつ席を立ってしまうかわからないし、話はいつ脱線するかわからないのですから。

結論を最初に言う訓練は、子どものうちからやっておいたほうがいいと思います。長年、大学生や社会人を指導してわかったのですが、「結論は後」というクセを、大人になってから「結論は先」に変えるのは骨が折れるようです。

というわけで、結論を先に言えるようになるための、楽しいトレーニング法をご紹介します。題して、「充電が切れちゃう！　ゲーム」。

親子で携帯で話している、という設定で行います。テーブルに座った状態でもできますし、歩きながらでもできます。実際に電話をかける必要はありませんが、「携帯で話している」という雰囲気を盛り上げるために、小道具として携帯を持ったり、電話しているフリをするなど、工夫してみてください。

そして、「親（など）に伝えなければいけないこと」を子どもに言わせます。学校から帰ってきた子どもに、「『おうちの人に伝えてください』と先生に言われたこと、何かある?」と尋ね、「ある」と言ってきたら、ゲーム開始です。「じゃあ、電話しているつもりで教えてくれる?」などと言って、始めます。

親子のやり取りは、こんな感じになります。

親「もしもし……」
子「もしもし、あのね……」（親はここでさえぎる）
親「あ、ごめん！　携帯の充電が切れそう！　話を全部聞けないから、いちばん大事なことだけ、1文で言って！　早くしないと電話が切れちゃう！」

1文という制限を与えて、確実に結論だけを見抜いてスパッと言えるための、切羽詰まった状況を作るのです。「電話が切れるぅ」などと演技しながら楽しんでやると、子どもものってきますよ。

子どもがすぐに結論を見抜けないようなら、「他のことはさておき、これだけは伝えておかないと、後でとんでもないことになる――先生に叱られる、誰かに迷惑をかける、自分が困る――っていう部分はどこだろう」などと問いかけて導きます。

実際の連絡事項だとギスギスしてしまうようなら、架空の伝達事項を作ってやってみる、という手もあります。私はかつて娘とよく、こんな仮の設定でこのゲームをやりました。

「今度の日曜の夜、おばあちゃんと一緒に皆で食事に行こうと思います。Aというレストランに7時半に予約をとりました。待ち合わせは、7時20分に、B駅の改札。おばあちゃんは、待ち合わせの場所も時間も、どこのレストランに行くのかも知らない。さあ、おばあちゃんの携帯に電話するよ。ところが、おばあちゃん、せっかく電話がつながったのに、携帯の充電が切れそうで、『用件を1文で言って！』と言ってる。どうする？」

最初のうちは、娘に、「おばあちゃんが絶対に知らなくちゃいけないことは何？」「待ち合わせの時間と場所だけ教えればいいのかな？　おばあちゃんの気持ちを考えてごらん。どんな料理を食べに行くのか、知りたくない？　場所によっては、おばあちゃん、お洋服も変えるかもしれないよ」などとよく合いの手を出しました。娘はこのゲームがかなりお気に入りだったようです。

比べる力をつける！「これとこれ、何の仲間？」

最後にご紹介するのは、ちょっとしたスキマ時間にうってつけのクイズ、「これとこれ、何の仲間？」です。

コップと椅子、鉛筆と飴、ぬいぐるみを2つ……となんでもかまいません。共通項があろうがなかろうが、手当たり次第、目についたものを2つ指差して、「これとこれ、何の仲間？」と聞きます。

このクイズのポイントは、一見なんの共通項もなさそうな2つの間に共通項を見つけ出すこと、そして、「共通項はこれだけ」という思い込みを広げて、柔軟な考え方をできるようにすることです。一種のブレストですので、親子で思いつく限りの共通項を出し合います。

たとえば、「コップと椅子」であれば、「人が使うもの」「買ったもの」「毎日お世話になっているもの」「横幅より高さのほうが長い」「この家にあるもの」など。子どもがあまり思いつかない場合は、「もっとあるよ。たとえば、『この家にあるもの』」などと言って、「こんな答えもアリ」という例を見せると、子どもは安心して答えられるようです。

複数のものを比べて共通項を見つけ出す、というのは大事なスキルです。分類する力もつきますし、場合によっては、文字通り「生きる力」にもなります。

少し前になりますが、御嶽山《おんたけさん》が噴火したとき、奇跡的に助かった男性がインタビューでこんな話をしていました（言葉遣いは違ったかもしれませんが、大体こんな内容でした）。「噴煙《ふんえん》がものすごい勢いで降ってきて、『これでは息ができなくなる。危ない』と思った。とっさに、雪崩《なだれ》のことを思い出した。雪崩にあったら、両手でお椀のような形を作って口のまわりを覆い、息ができる空間を確保するといい、と聞いたことがあった。噴火と雪崩は一緒だ、と思い、両手で空間を作るようにして口を覆い、息ができるようにした」

この男性は、噴火と雪崩に共通項を見出して、自分の命を救ったのだと思います。

我が家では、暇つぶしといえばこのクイズとしりとりが定番で、子どもたちは自分たちでもよく「何の仲間？」とやっています。しりとりは考える力とは直接関係ありませんが、考える力を担っているのは言葉なので、ボキャブラリーを磨くにはいいと思います。子どもとあれこれ言葉をひねり出してくるのは楽しいですし、子どもが新しい言葉に触れるいい機会にもなります。

以上、我が家イチオシの「楽しく考える方法」をご紹介しましたが、ご紹介したものを朝から晩までひっきりなしにやっているかというと、もちろんそうではありません。皆さん、どうぞ時間のあるときに、やりやすそうなものから「楽しんでみようかな」という気楽な気持ちでやってみてください。

楽しみのないところに真の学びはない。20年以上教師生活を続けてきた私の信念です。

おわりに

「ママはそういうの、嫌いだな」

「みんな、そんなことやってないでしょう。やめなさい」

「そんなことしたら、はずかしいよ」


親が子どもをたしなめるときに口にするセリフですが、皆さんもどこかで聞いたことがありませんか。私自身、この手のことを我が子に言っている自分に気づくことがあります。

以前は、親がこのようなことを言うのはよろしくない、と思っていました。親の好き嫌いで「やっていいこと」「悪いこと」を決められたのではたまらないし、みんなが同じように「やっている」かどうか、知ったことじゃないし、親は「はずかしい」と思っても、私はそうは思わない、勝手に意見を押しつけられるのはごめんだ……私が子どもならそう反発しそうだし、こういうたしなめ方は理不尽なのではないか、とずっと思っていました。

でも、今は違います。親がなぜ「そういうの、嫌い」と思うのか、なぜ、みんなが「そんなこと」をしないのか、なぜ「はずかしい」と言えるのか。親がきちんと考えて、きちんと話せば、子どもはきっと聞くはずです。親も子も、もっと考えてもっと話せば、親子であることをもっと楽しめるようになるのではないか、と思うのです。

子どもと一緒に考えるというのは、私が我が子相手にずっとやってきたことです。もちろん、大学で20年間「考えること」を教えてきたという事情もありますが、今や4年目となった「子どもの考えるクラス」の最大のベースは、家庭にあります。

子どもと一緒に考えることの何がいいのか。

理屈はたくさんあります。でも、いちばんのよさは、なんと言っても、「幸せを感じられること」にあると思います。

爆笑ものの意見、やさしさいっぱいの意見、本質を突いた考え、気づきを与えてくれる問い、大人には真似のできない想像力。子どもたちのそんなステキな考えを聞かせてもらえる私は幸せだなあ、といつも思います。他では味わえない類の幸せです。

次は、皆さんの番です。子どもと思いっきり、家庭で考えて話してみませんか。

この本を書くにあたっては、たくさんの方からたくさんのご協力とご理解、ヒントをいただきました。「子どもの考える力を伸ばす」という私の取り組みをずっと応援してくださっている方々に、この場をお借りして心よりのお礼を述べさせてください。どうもありがとうございます。

そして、笑いながら、たくさんの考える時間を一緒に過ごしてくれる、考えるクラスの子どもたちと、我が子らへ。あなたたちに会えてよかった。本当にありがとう。

２０１５年2月

狩野みき

狩野 みき（かの みき）

慶應義塾大学、聖心女子大学、ビジネス・ブレークスルー大学講師。考える力イニシアティブ THINK-AIDを主宰し、子どもの考える力・伝える力を伸ばすクラスを行っている。子どもの考える力教育推進委員会、代表。慶應義塾大学法学部卒、慶應義塾大学大学院博士課程修了（英文学）。20年にわたって大学等で「考える力」「伝える力」と英語を教える。著書に『世界のエリートが学んできた「自分で考える力」の授業』『世界のエリートが学んできた自分の考えを「伝える力」の授業』（日本実業出版社）『知られざる英会話のスキル20』（共著、DHC）『プログレッシブ英和中辞典』（共同執筆、小学館）など多数。2012年、TEDxTokyo Teachersにて、日本の子どもたちにもっと考える力を、という趣旨のTEDトーク“It's Thinking Time”（英文）を披露し、好評を博した。2児の母。

「自分《じぶん》で考《かんが》える力《ちから》」が育《そだ》つ
親子《おやこ》の対話術《たいわじゅつ》

2015年3月30日 第1刷発行

著者：狩野みき
発行者：首藤由之
発行所：朝日新聞出版
〒104-8011
東京都中央区築地5-3-2
電話：03-5541-8832（編集）03-5540-7793（販売）

印刷製本：共同印刷株式会社

ISBN 978-4-02-251246-8